FRIEDHOFSINSEL
SAN MICHELE
Canale delle Fondamente Nove
Fondamente
Nove
Teatro
Malibran
Campo San
Zanipolo
San
Lorenzo
Arsenale
CASTELLO
Basilica di
San Marco
Campanile di
San Marco
Caffè Florian
Biblioteca
Marciana
Giardini
Reali
Ospedale
della Pietà
Campo
Bandiera
e Moro
Calle
del
Pestrin
San Giovanni
in Bragora
Museo
Storico Navale
Canale di San Marco
San Giorgio
Maggiore
Fondazione
Cini
ISOLA SAN
GIORGIO
Villa
Herriot

Erschienen im
Jubiläumsjahr 2002
bei Klett-Cotta

→ Judith Rüber

Venedig

Literarische Intermezzi
auf Brücken, Plätzen und Kanälen

Klett-Cotta

Inhalt

→ Also einen Stuhl stehlen

Vom Nutzen der Literatur für die Sehnsucht

Caffè Florian – Cagalibri, Campo Santo Stefano (Campo Francesco Morosini)

»Wohin gehen wir?« sagte Frances nach einer Weile, während sie sich aus seiner Umarmung löste und wie durch einen Schleier (den Schleier des Glücks) den großen beleuchteten leeren Platz betrachtete. Als Antwort umfaßte der Junge ihre Taille und führte sie langsam und behutsam zu der verglasten Eingangstür des Cafés. [...] Die Innenräume waren dunkel. Aber das Licht, das von den Fenstertüren und Schaufenstern hereindrang, genügte, um ihnen den Weg zur hintersten und verschwiegensten Ecke zu weisen. Falls jemand unter den Prokurazien vorbeikäme [...]: sie waren sicher, nicht entdeckt zu werden. Doch sie selbst, eng umschlungen auf demselben Stuhl, konnten bei dem schwachen Schein sich gerade noch in die Augen schauen ... bis das erste Morgengrauen sie endgültig und unerbittlich voneinander trennte.
Alles, was ihr das Leben geschenkt hatte, barg diese Erinnerung, diese knappe Stunde Glück, die sich nie mehr wiederholt hatte. Es folgten neunundzwanzig Jahre Klavierunterricht, Pflege der alten Mutter, bis diese starb, dann Pflege des behinderten Bruders. Sonst nichts, weiter nichts. [...]
Also schön: sie würde einen der Stühle vom Café Florian stehlen. Es würde natürlich nicht derselbe sein wie der vor neunundzwanzig Jahren, doch immerhin ein zum Verwechseln ähnlicher.

Liebevoll beschreibt der Turiner Mario Soldati (1906–1999) in seiner Erzählung »Der Stuhl vom Café Florian«, wie die vereinsamte Engländerin Frances einen Zipfel vom Glück erwischt. Doch nicht erst eine Liebesgeschichte führt in Venedig zu Momenten, die sich so schnell nicht wiederholen. Beim ersten Besuch stellt sich, rauschhaft, die Verblüffung darüber ein, daß es so etwas überhaupt gibt: das Wasser, den Geruch, das Licht, die Architektur. Verschluckt dann der Nebel die Stadt und hat man traumwandlerisch eines der belebten, lauten *bàcari*, eine der venezianischen Weinpinten, gefunden, die Luft ein wenig dumpf von nasser Wolle und einem Hauch von Mottenkugeln, taucht man schon wieder in eine neue, fremde Welt ein. Mit dem ersten Schluck beginnt die Abhängigkeit. Die Euphorie soll dauern!

Was liegt da näher als der Wunsch, ein Stück von dieser Stadt zu besitzen. Nur die Einfältigeren geben sich jetzt mit einer Gondel samt Gondoliere aus buntem Muranoglas zufrieden. Eine stabile Metallreplik der Rialtobrücke aus einem Überraschungsei kommt der Sache schon näher, spielte sie einem doch das Schicksal in die Hand. Schließlich wird eine Wohnung gesucht. Fast drei Seiten füllen in den venezianischen *pagine gialle*, den Gelben Seiten, die *immobiliari*. Sie sind abgebrühte Spezialisten in der Mystifizierung der Steine Venedigs. Abhängig von der finanziellen Potenz des Sehnenden bieten sie beredt dunkle Löcher unter der Hochwasserlinie und halbe Palazzi feil. Die Preise sind hoch. Also, doch einen Stuhl stehlen?

Hätte Frances zu Zeiten angefangen zu schreiben, und sei es nur Tagebuch, oder – keineswegs eine Notlösung – alles, was sie über Venedig in die Finger bekommen hätte, zu lesen, so wäre ihr das unwürdige Ende der Geschichte vielleicht erspart geblieben: Sie wird erwischt. Die Erinnerung vergällt.

← **Es ist nicht ausgemacht, ob es wirklich die Stühle des Cafè Florian sind, die das größte sentimentale Potential haben**

Autoren und Lesern steht der Ort frei, an dem sie ihr Doppelleben einrichten. Sie können immer (wieder) nach Venedig zurückkehren, an ihren Lieblingsplätzen verweilen, Erinnerungen beleben und Pläne für die Zukunft schmieden.

Venedig ist ein seltsames Sujet. Venezianer und andere Italiener schreiben kaum über diese Stadt. Vielleicht ist sie ihnen zu provinziell. Vielleicht fühlt sich die schreibende Zunft von dieser Stadt aber auch unverstanden: *cagalibri*, den Bücherscheißer, nennen Einheimische das Denkmal des Schriftstellers Niccolò Tommaseo (1802–1874), der in einschlägiger Pose über einem Haufen Bücher auf dem Campo Santo Stefano thront.

So sind es die Reisenden oder Ausländer mit festem Wohnsitz, die den Löwenanteil der Literatur bestreiten. Über Generationen war die Serenissima Station der Grand Tour, der für gebildete und betuchte Kreise obligatorischen Reise zu den Stätten humanistischer Ideale. Doch Venedig war nicht nur einer der kulturellen Höhepunkte, sondern auch Synonym für Vergnügen. Im 20. Jahrhundert schlug der Ton um. Seit Thomas Mann ist das Gefühl persönlicher Bedrückung mit der Befindlichkeit der Stadt durcheinandergeraten, und das Gros der Besucher beschwört – gebetsmühlenartig – Melancholie und Vergänglichkeit. Erst die Literaten und dann die Journalisten. Kein Bericht in Presse, Funk und Fernsehen, der sich nicht an diesem Topos entlanghangelt. Das hat diesem Klischee den Status der Wahrheit erbracht. Heiterkeit, Lust und Wonne passen nicht ins Bild. Genausowenig wie die realen Schattenseiten der Stadt, sei es in ihrer Rolle als Hauptstadt Padaniens, als selbsternannter Regierungssitz der italienischen Neofaschisten und Separatisten, sei es die industrielle Zerstörung der Lagune. Ist Vergänglichkeit doch eine Metapher, die sich gleich in Menschheitsfragen und nicht in den Niederungen giftiger Abwässer versucht.

Daneben spielt, und nicht erst in der Gegenwart, so etwas wie Verachtung eine Rolle; die allseitige Faszination wird als Schranke des individuellen und damit wirklich kreativen Ausdrucks empfunden und dem Gegenstand der Begierde angelastet. Abgeschmackt sozusagen. Mary McCarthy (1912–1989), Autorin des fast vergessenen Bestsellers *Die Clique*, bringt dieses Ungenügen 1956 in ihrem Buch *Venedig* auf den Punkt: »Man findet sich damit ab, daß, was man im Begriff ist zu sagen oder zu empfinden, nicht nur bereits von Goethe und Musset gesagt worden ist, sondern auch jedem Touristen aus Iowa auf der Zunge liegt, der mit seiner pelzstola- und brillantnadelgeschmückten Gattin die Piazzetta betritt.« Dem wäre hinzuzufügen, daß besser beleumundeten Herrschaften Eindrücke leider nicht nur auf der Zunge lagen, sondern auch aus der Feder flossen, deren Banalität sich eine Dame aus Iowa schämen würde. Andere, treffende Beobachtungen wurden durch dauerndes Zitieren verschlissen und sind jetzt nur noch ein Abklatsch ihrer selbst.

Vieles also, was Venedig im Titel führt, hilft nicht weiter – mag es auch im Rufe der Weltliteratur stehen. Die Leidenschaft für Venedig wird nicht genährt, ist nicht erhellend oder bereitet kein Vergnügen. Manches, was im deutschen Literaturverständnis in das Reich des Trivialen fällt, erfüllt hingegen bestens seinen Zweck. Im angelsächsischen Sprachraum und zum Teil auch in den romanischen Ländern ist man ja ohnehin nicht so spröde, was die Unterscheidung von Literatur und Unterhaltung angeht.

Wer auf seinen realen oder fiktiven Spaziergängen durch Venedig die Stadt und ihre Bewohner in der Literatur finden oder wiederfinden will, der gerät überdies schnell auf Abwege und entdeckt die Sphären der Musik, der Malerei und der Architektur. Insofern ist dieses Buch nicht nur ein literarischer Stadtplan, sondern der Versuch einer Topographie Venedigs auf den Spuren des Wortes, des Klanges, der Form und der Farbe.

→ Nicht Land, nicht Wasser

Eine Annäherung

Torcello – Murazzi – Sant'Erasmo – Vignole – Mestre – Punta Sabbioni – Traghetto San Marco/Vallaresso – Dogana da Mar – Rialto – Fondamente Nove

»Let us cross the river and rest under the shade of trees« sind die letzten Worte Colonel Cantwells, der sein Vorbild, den Bürgerkriegsgeneral Stonewell Jackson zitiert, bevor er endlich Ruhe findet. *Über den Fluß und in die Wälder* nennt der Haudegen Hemingway (1899–1961) seinen Roman über die letzten Tage des Colonels, seine Hommage an Venedig. Dieser Titel ist aber auch als Standortbestimmung der Lagunenstadt zu verstehen. Cantwell und sein Chauffeur kommen im Winter 1946 aus Triest und nähern sich Venedig durch die Ebene Venetiens:

Sie bogen um eine Kurve und überquerten den Tagliamento auf einer Behelfsbrücke. Längs der Böschungen war es grün, und Männer angelten am anderen Ufer, wo es tief war. Die gesprengte Brücke wurde unter dem Geratter von Niethämmern repariert, und siebenhundert Meter entfernt zeigten die zertrümmerten Gebäude und Nebengebäude von einem einst von Longhena erbauten und jetzt zerstörten Landsitz, wo die mittelschweren Bomber ihre Ladung abgeworfen hatten.
»Sehen Sie sich das an«, sagte der Fahrer, »in dieser Gegend kommt man an eine Brücke oder eine Eisenbahnstation, und dann geht man eine halbe Meile weiter, in irgendeiner beliebigen Richtung, und dann sieht's so aus.«

← Auf der Insel Torcello erheben sich in lagunarer Einsamkeit die Kathedrale Santa Maria Assunta und das Martyrergrab Santa Fosca

»Wahrscheinlich ist die Lehre davon«, sagte der Colonel: »Bau dir siebenhundert Meter von einer Brücke entfernt kein Landhaus und keine Kirche, und heuer dir keinen Giotto an, damit er dir ein paar Fresken malt, falls du eine Kirche hast.«

»Ich dachte mir, daß es eine Lehre geben würde, Sir«, sagte der Fahrer.

Sie waren jetzt an dem zerstörten Landsitz vorüber und auf der geraden Landstraße mit den noch winterdunklen Weiden, die neben den Gräben standen, und den Feldern voller Maulbeerbäume. [...]

Er sah jetzt in die Weite, geradeaus, um festzustellen, wo die Kanalstraße wieder auf die Chaussee einmündete. Von dort, das wußte er, würde er es an einem klaren Tag, wie dies einer war, sehen. Jenseits der Sümpfe, die so braun sind wie an der Mündung des Mississippi bei Pilot Town im Winter und deren Binsen sich unter dem Nordwind bogen, sah er den kantigen Turm der Kirche von Torcello und den hohen Campanile von Burano dahinter. Das Wasser war schieferblau, und er konnte die Segel von zwölf Lastbarken sehen, die vor dem Wind nach Venedig liefen.

Venedig über dem Fluß, hinter den Wäldern, im Sumpf? Land, keine richtige Insel? Das trifft es durchaus. Die Flüsse Brenta, Sile und Piave wälzten in ihr Mündungsgebiet große Mengen Sand und Geröll. Winde und gegenläufige Meeresströmungen warfen daraus langgestreckte Nehrungen, die *litorali* oder *lidi,* auf. Dahinter entstand ein Flachwassergebiet, aus dem Hunderte von Inselchen und Salzwiesen herausragen. Ein Sumpf, zumindest teilweise. Andererseits ist die so entstandene Lagune mit dem offenen Meer verbunden, im Wechsel der Gezeiten strömt Salzwasser hinein. Ursprünglich waren es fünf Öffnungen, zeitweise zwei und heute drei. Durch sie ist die Lagune Teil der Adria. Johann Wolfgang Goethe (1749–1832) ist einer der wenigen schreibenden Besucher der Stadt, die sich die Zusammenhänge dieser Phänomene erklärt haben:

Ganz anders wäre es, wenn das Meer sich neue Wege suchte, die Erdzunge angriffe und nach Willkür hinein und heraus flutete. Nicht gerechnet, daß die Örtchen auf dem Lido, Pelestrina, St. Peter und andere, untergehen müßten, so würden auch jene Kommunikationskanäle ausgefüllt und, indem das Wasser alles durcheinander schlemmte, das Lido zu Inseln, die Inseln, die jetzt dahinter liegen, zu Erdzungen verwandelt werden. Dieses zu verhüten, müssen sie das Lido verwahren, was sie können, damit das Element nicht dasjenige willkürlich angreifen, hinüber und herüber werfen möge, was die Menschen schon in Besitz genommen, dem sie schon zu einem gewissen Zweck Gestalt und Richtung gegeben haben.
Bei außerordentlichen Fällen, wenn das Meer übermäßig wächst, ist es besonders gut, daß es nur an zwei Orten herein darf und das übrige geschlossen bleibt, es kann also doch nicht mit der größten Gewalt eindringen und muß sich in einigen Stunden dem Gesetz der Ebbe unterwerfen und seine Wut mindern.
Übrigens hat Venedig nichts zu besorgen; die Langsamkeit, mit der das Meer abnimmt, gibt ihr Jahrtausende Zeit, und sie werden schon, den Kanälen klug nachhelfend, sich im Besitz zu erhalten suchen.

Die Venezianer haben, wie Goethe es nennt, der Lagune Gestalt und Richtung gegeben. Dabei sahen sie sich immer zwei Bedrohungen ausgesetzt: der Verlandung einmündender Flüsse und dem Hochwasser der Adria. Die Lagune war die Basis für den ökonomischen und politischen Erfolg der Republik. In ihrem Schutze, der See nicht unmittelbar ausgeliefert und schwer einzunehmen, jedoch mit freiem Zugang zum Mittelmeer, entwickelte sie sich zu einer erfolgreichen Kriegs- und Handelsmacht. Und weder die regelmäßige Zerstörung von Ansiedlungen, der Landwirtschaft und den Salinen noch die kontinuierliche Verlandung wurde als gottgegebenes Schicksal hingenommen. Die Lagune als Wirtschaftsraum zu bewahren war oberstes Gebot der Republik, diesem wurden Natur und Bürger gleichermaßen unterworfen. Zu Beginn des zweiten Jahrtausends gab es beispielsweise überall in der Lagune Mühlen, die auf flache Boote montiert waren und flexibel in die Strömung gestellt wurden. Hierfür dämmten die Müller Teile der Lagune ein oder leiteten Wasserläufe um. Sie befestigten sumpfiges Gelände, bauten Hütten und Scheunen und leisteten so der Verlandung Vorschub. Doch wenn es für den Schutz der Lagune sinnvoll schien, scheute sich die Republik nicht, Berufsstände so weit einzuschränken, daß sie ihren Niedergang betrieb: Mitte des 15. Jahrhunderts gab es in der Lagune keine Mühlen mehr. Und auch Fischfang und -zucht, die Salinen und die Landwirtschaft unterlagen einem Kanon von Gesetzen.

Nicht weniger drastisch griff die Republik auf der *terra ferma,* dem Festland, ein: Die Stadtverwaltung klagt im 14. Jahrhundert über »das Abholzen, eindeutig die Ursache für die Verlandung unserer Lagune, weil Regen und Überschwemmungen in den Wäldern weder Halt noch Hindernis finden und deshalb in die Lagune fließen«. Da es aber die Republik selbst ist, die einen unersättlichen Holzbedarf hat – Baumaterial, Schiffsbau und Holz für die Dämme –, werden die Wälder ohne Entschädigung zu Staatseigentum erklärt und gleichzeitig Abholz- und Wiederaufforstungpläne festgelegt.

Die Verlandung schritt trotzdem fort. Der toskanische Maler und Schriftsteller Giorgio Vasari (1511–1574) beschreibt in seinem Werk *Le Vite degli Artisti,* wie der Dominikanermönch und Architekt Frà Giocondo (?–1515) zur Lösung dieses Problems beitrug:

Aber wenn, so scheint mir jedenfalls, Fra Giocondo für eine Sache höchstes Lob verdient, dann für ein Werk, für das man ihm ewig Dank sagen muß, und zwar nicht nur die Venezianer, sondern mit ihnen die ganze Welt. Er meinte nämlich, daß der Bestand der Republik von Venedig zu einem großen Teil davon abhinge, daß es gelänge, jene uneinnehmbare Lage in der Lagune zu erhalten, in der jene Stadt wunderbarerweise gebaut wurde. Und jedesmal wenn die genannten Lagunen verlandeten oder infizierte, pestilenzhaltige Luft hereindrang und die Stadt deshalb unbewohnbar wurde oder sie mehr oder weniger allen Gefahren unterworfen war, die einer Stadt auf dem Festland drohten, dachte man darüber nach, auf welche Weise man die Lagune erhalten könnte und den Standort, an dem die Stadt vor Urzeiten errichtet worden war. Fra Giocondo sagte den Herren, er wisse, was zu tun sei. Denn wenn nicht bald eine Lösung gefunden würde, die den ohnehin schon großen Schaden behöbe, dann hätte man in einigen Jahren, in denen man noch mehr Schaden erlitten hätte und seine Fehler endlich einsähe, keine Möglichkeit mehr, dagegen vorzugehen. Durch diese Warnung wurden die Herren hellhörig, und nachdem man Fra Giocondos lebhaft vorgetragenen Begründungen gelauscht hatte, bestallte man eine Kommission der fähigsten Ingenieure und Architekten Italiens. Viele Ansichten waren da zu hören, und zahlreiche Pläne wurden entwickelt: Der Vorschlag des Fra Giocondo wurde jedoch für den besten gehalten und ausgeführt. Und so begann man damit, zwei Drittel oder doch wenigstens die Hälfte des Wassers, das der Fluß Brenta führt, durch einen großen Kanal in großem Bogen in die Lagune von Chioggia münden zu lassen. Da man den Fluß nicht in die Lagune von Venedig hatte münden lassen, wurde sie nicht durch seine Erde aufgefüllt wie die von Chioggia, wo es nun anstelle des Wassers zahlreiche Besitzungen und Landhäuser gab, sehr zum Nutzen der Stadt Venedig.

Die Brenta – der Canal Grande war ursprünglich einer ihrer Arme – wurde um 1500 in die südliche Lagune umgebettet. Mit dieser aufwendigen Ingenieursleistung war es jedoch nicht getan. 1543 erfolgte die erste Umleitung des Piave, 1667 seine Ausleitung aus der Lagune, und 1683 führte ein Hochwasser zu einem dauerhaften neuen Bett, das deutlich nördlich der Lagune mündet. So konnte der Sile in das alte Piavebett verlegt werden. Erst 1896 wurde auch die Brenta – durch einen neuen Kanal – südlich von Chioggia direkt in die Adria geleitet.

Vor der Adria schützten Deiche, deren Erhalt aufwendig und teuer war. Schließlich waren etwa 140 000 Eichenstämme in diesen Palisaden verbaut, die alle fünf Jahre sukzessive ersetzt werden mußten, weil sie in den Fluten korrodierten. Der für den Lagunenschutz zuständige Rat stieß um 1830 auf den bereits den Römern bekannten Pozzuolan, Aschentuff, der sich zu wasserfestem Zement abbinden läßt. Mit dem Bau der *murazzi*, Dämmen aus istrischem Marmor, konnte auf den *lidi* begonnen werden. Über dreißig Jahre dauerte die Fertigstellung. Es war die letzte Maßnahme zum Schutz der Lagune durch die Republik, die 1797 vor den napoleonischen Truppen kapitulierte.

Bei der Sturmflut des 4. November 1966 brachen die *murazzi*, das Hochwasser überrollte die Lagune. Die Dämme waren seit 1930 nicht mehr erneuert worden. Die Stadtverwaltung konnte sich nicht länger der Tatsache verschließen, daß die *murazzi* aufwendig saniert und zukünftig gepflegt werden mußten.

Trotzdem – heute steht der Markusplatz bis zu 80mal im Jahr unter Wasser. Dieses besonders niedrig gelegene Zentrum Venedigs wird schon bei einem Pegel von gut 70 Zentimeter über Normalnull überflutet. Andere Gebiete der Stadt bleiben trocken bis zu einem Wasserstand von 1,10 Meter, aber auch der wird immer wieder überschritten. Der Grund für die zunehmend häufigeren Hochwasser liegt in den industriellen Eingriffen des 20. Jahrhunderts, die das Flutungsverhalten und den Wasseraustausch der Lagune grundlegend änderten.

Durch die Öffnungen, die *porti*, strömt die See im Wechsel der Gezeiten hinein und heraus, der Wasseraustausch genügt jedoch nicht, die Pegelstände des offenen Meeres zu erreichen. Die Flutung der Lagune läuft stets der Flut der Adria hinterher, weil das Wasser seine Zeit braucht, um durch die Enge der *porti* einzufließen und sich durch ein Labyrinth von Prielen, Salzwiesen, Sandbänken und Inseln zu schlängeln. Bis sich das Hochwasser in der ganzen Lagune ausgedehnt hat, setzt im Golf von Venedig schon wieder Niedrigwasser ein, und das eingelaufene Wasser fließt zurück. Der erreichte Pegelstand in der Lagune hängt von drei Faktoren ab: von der Größe der Öffnungen, von der Morphologie des Lagunenbodens und von der Fläche, auf der sich das Wasser ausdehnen kann.

Mit dem Bau des Hafens von Marghera Anfang des 20. Jahrhunderts wurde dem Wasser sowohl Flutungsfläche geraubt als auch das Labyrinth der Widerstände zerstört. So begann zwischen den Weltkriegen die industrielle Expansion am Lagunenrand: Immer mehr Wasserarme und Salzwiesen wurden trockengelegt und bebaut. Auch ihren Flughafen betonierte die Stadt in die Lagune. Und schließlich haben sich die Fischfarmen erkleckliche Überflutungsflächen einverleibt. Die Aufzucht- und Überwinterungsbecken dieses wachsenden Industriezweigs bedecken inzwischen etwa ein Sechstel der lagunaren Wasserfläche: ein Areal ganz im Norden der Lagune und ein weiteres im Südwesten. Dehnten sich die Salzwiesen, *barene*, Anfang des Jahrhunderts noch über 90 Quadratkilometer aus, so nehmen sie heute lediglich noch die Hälfte der Fläche ein. Doch es ist nicht allein die Überflutungsfläche, die verschwand. Piero Bevilacqua (*1944), Professor für Gegenwartsgeschichte an der Universität Bari, beschreibt die Funktion der *barene* so: »Ohne diese bewachsenen Untiefen, ohne das dichte Netz von *ghebbi*, Prielen, finden die Wellen in der Lagune kein Hindernis mehr, nehmen an Heftigkeit zu und beschleunigen den Erosionsprozeß. Dadurch wird das Lagunenbecken ›platt‹, verliert seine gewundene, labyrinthartige Struktur und damit seine ehemalige morphologische Komplexität.«

In den letzten Jahrzehnten wurde zudem die Fahrrinne für Hochseefrachter durch den Porto di Malamocco nach Marghera immer tiefer ausgebaggert und zunehmend begradigt. Der so erweiterte Querschnitt einer der Öffnungen läßt die Menge des einfließenden Wassers weiter zunehmen. Die Folge all dieser Eingriffe ist ein immer höherer Pegelstand des Hochwassers und ein Sinken des Niedrigwassers, fließt das Wasser doch ebenso ungebremst wieder ab. Immer öfter liegen die Fundamente der Stadt frei und sind unter Sauerstoffzufuhr dem Verfall ausgesetzt.

Die durchschlagende Lösung dieses Problems ist kein Geheimnis, nicht nur Piero Bevilacqua fordert in seiner Veröffentlichung *Venedig und das Wasser:* »Jeglicher Tankerverkehr in der Lagune muß unterbunden werden«, stellt aber gleichzeitig auch fest, »daß nie zuvor ökonomische Interessen und der Schutz der Lagune derart unvereinbar waren«. Heute sind es die wirtschaftlichen Notwendigkeiten des Hinterlandes – und nicht mehr die Belange Venedigs –, die die Maßstäbe setzen. Der Hafen, den jährlich 5000 Frachtschiffe und Tanker anlaufen, ist ein wesentlicher Pfeiler der ökonomischen Stärke der Region, seine Schließung im Szenario der Lösungen nicht vorgesehen – und auch kein Kanal, der in der Tradition Frà Giocondos den Tankerverkehr um die Lagune herumleiten würde.

Also wird nach Maßnahmen gesucht und um deren Realisierung gerungen, die diese zerstörerische Situation für die Stadt zumindest lindern: Rekonstruktion des Labyrinths, Verlängerung der Außenmolen, Aufstockung von Plätzen und Fundamenten und wasserfeste Verschalungen einzelner Bauwerke.

Doch es ist nicht nur das Hochwasser, das Venedig bedroht. Der Chemiestandort Mestre/Marghera schädigt die Lagune nicht weniger durch seine Emissionen. 1995 veröffentlichte Greenpeace/Italien die alarmierende Studie *Venedig stirbt*. Diese deckte auf, daß die verschiedenen petrochemischen Unternehmen in den vergangenen 30 Jahren rund 80 Millionen Kubikmeter weitgehend ungeklärter Abwässer in die Lagune gepumpt und bis etwa 1985 regelrechte Giftmülldeponien angelegt haben, zu deren Beseitigung sie bis heute nicht verpflichtet wurden. Die Lagune gehört so zu den am schlimmsten mit Dioxinen, Furanen, Quecksilber und Blei verseuchten Gewässern Europas.

Das ist auch der Grund, weshalb das über Jahrzehnte favorisierte Projekt MO.SE – 79 mobile Schleusentore, die bei Hochwasser geschlossen werden sollen – sehr umstritten ist. Simulationen haben gezeigt, daß MO.SE im offenen Zustand den Wasseraustausch der Lagune bereits entscheidend beeinträchtigen würde. Das Aussperren des Hochwassers würde dann endgültig dazu führen, daß die Lagune von ihrer »Atmung«, der Zufuhr frischen Meerwassers, abgeschnitten würde, und das wäre ihr Ende.

Sah es 1999 durch eine Entscheidung des Mitte-Links-Bündnisses Massimo D'Alemas noch so aus, als wäre MO.SE endgültig zu den Akten gelegt, so beschloß die rechte Regierung Berlusconis im Winter 2001, den Bau doch zu forçieren. Eine gewagte Entscheidung, da alle Beteiligten – der italienische Staat, die Region und die Kommune – seit Jahren nur mit wenig Nachdruck die Sanierung der Lagune und die Beschränkung der Abwasseremissionen betreiben.

Warum so zögerlich? Weil sich auch dieses Sanierungsprojekt an der Standortfrage mißt. Eine Kostprobe der Auseinandersetzungen ließ sich 1998 erleben. Da preschte die Staatsanwaltschaft vor und untersagte per Gerichtsbeschluß die weitere Entsorgung »von gefährlichem Material« durch die PVC-Hersteller EVC und das Staatsunternehmen Enichem und versiegelte einen Sammelkanal. Nach dessen Schließung protestierten mehrere tausend Gewerkschafter gegen diese Maßnahme, weil der Streit um die

Verschmutzung der Lagune ihre Arbeitsplätze gefährde. Der Arbeitgeber Enichem »solidarisierte« sich mit dem Gewerkschaftsprotest und drohte, 20 000 Arbeitsplätze in ganz Norditalien zur Disposition zu stellen. Für viele der protestierenden Arbeiter bedeutet dieses Kampfziel – einen Arbeitsplatz um jeden Preis –, daß sie es mit dem Leben bezahlen. Sie sind es, die den Giften unmittelbar ausgesetzt sind; die Zahl der Krebserkrankungen unter ihnen ist dementsprechend hoch.

Auch der damalige Bürgermeister Venedigs, der Philosoph und Publizist Massimo Cacciari (*1944) kritisierte das Einleitungsverbot. Wo die Staatsanwaltschaft unmitttelbar Gefahr im Verzug sah und von der »Uneinsichtigkeit« der betroffenen Firmen ausging, setzte er auf die Kooperationsbereitschaft der Industrie, die durch solche Akte unterminiert würde – doch warum sollte diese freiwillig auf den Wettbewerbsvorteil billiger Entsorgung unmittelbar vor Ort verzichten? Wenige Tage später beugte sich die Justiz dem öffentlichen Druck und gab den Kanal wieder frei.

Venedig über dem Fluß, hinter den Wäldern, Venedig als Zuflucht? Auch das trifft es. Zur Römerzeit lebten in der Lagune nur einzelne Fischer und Salzgärtner, einige Inseln waren Sommerfrische reicher Veneter. Die ersten größeren Siedlungen, Torcello und Malamocco, entstanden aber erst im 5. Jahrhundert. Damals zogen die Westgoten unter Alarich durch Venetia, dann eroberte der Hunnenkönig Attila, der Etzel des Nibelungenliedes, im Jahr 452 das Gebiet, und gut hundert Jahre später fielen die Langobarden ein. Jedesmal suchte die Landbevölkerung Schutz in der Lagune, und die meisten Menschen harrten dort aus, weil die Lage auf dem Festland angespannt blieb.

Heute ist Torcello ein einsamer, verlassener Ort. Doch im Museo dell'Estuario lassen römischer Schmuck, Trinkgefäße und Kelche das Bild sommerlicher Festmähler erstehen. Und von einstiger Größe – seit dem 7. Jahrhundert Bischofssitz, im 10. Jahrhundert über 10 000 Einwohner und zehn Kirchen – zeugen noch die imposante und malerische Kathedrale Santa Maria Assunta, das wahrscheinlich älteste erhaltene Bauwerk Venedigs, und das Martyrium Santa Fosca. Zu ihren Füßen liegen die Trümmer der anderen Kirchen: Säulen, Kapitelle und Taufbecken. Was ist passiert? Torcello wurde Opfer des Sumpfes, verlandete zusehends, Krankheiten breiteten sich aus. Seine Bewohner flüchteten abermals. Im 14. Jahrhundert war die Situation schon so desolat, daß ein Gesetz erlassen wurde, das verbot, Ziegel und anderes Baumaterial aus der Stadt wegzuholen. Noch sollte Torcello keine Abraumhalde werden. Doch die Situation verschärfte sich durch die Umleitung des Sile, 1689 gab auch der Bischof auf und zog nach Murano.

In den ersten gut 300 Jahren ihrer Besiedlung zählten die Laguneninseln, mehr oder weniger umkämpft, zum Hoheitsgebiet von Byzanz unter Verwaltung des Exarchats Ravenna.

Für Ordnung sorgte ein *duca*, später Doge, der seinen Sitz in Heraclea nahe dem heutigen Bitola in Mazedonien hatte. Nachdem sich jedoch 727 die Lagunenbewohner mit Unterstützung der Langobarden gegen Byzanz aufgelehnt hatten, kam man dort zu dem Schluß, der Statthalter des Oströmischen Reiches müsse direkt vor Ort seines Amtes walten. So wurde Malamocco Dogensitz. Im Jahr 751 nahmen dann die Langobarden Ravenna ein, und damit begann faktisch die Unabhängigkeit der Lagunensiedlungen, auch wenn offiziell die byzantinische Oberhoheit noch bestand.

Bedrohlich wurde die Situation im Jahr 810 durch den Frankenkönig Pippin, Sohn Karls des Großen. Seine gut ausgerüsteten Truppen verbanden Schiffe und Flöße zu Pontonbrücken und eroberten einen Teil der Inseln. Doch die Siedler flüchteten in das besonders schlammige und unzugängliche Gebiet *rivus altus*, Rialto. Im Jahr 811 verlegt auch der Doge Angelo Partecipazio seinen Sitz hierher, der Grundstein für Venedig ist gelegt.

Der Roman *Simple Prayers* des Amerikaners Michael Golding (*1958) beschreibt, wie im 14. Jahrhundert irgendwo in der Lagune aus einer fiktiven Ansiedlung einiger Hütten nach und nach ein richtiger Ort entsteht: Riva di Pignoli, umgeben von fruchtbaren Feldern. Ihr Leben ist dem Rhythmus der Natur unterworfen, das Meer, Unwetter und Mißernten bedrohen die kleine Insel. Deswegen glauben die Pignoli, daß sie die Götter gewogen stimmen müssen. Das deutet der amerikanische Titel *Einfache Gebete* auch an. Auf deutsch ist das Buch unter dem weit weniger treffenden Titel *Das Licht der Lagune* erschienen. Liebevoll beschreibt Golding den Alltag von Fischern, Bauern und Handwerkern. So detailliert, daß er sogar in die Eigenheiten der venezianischen Sprache einführt. Mit seinem historischen Rahmen jedoch nimmt es der Amerikaner, wie viele Autoren jenseits des großen Teiches, nicht so genau. 500 Jahre Siedlungsgeschichte hin oder her, diese Flexibilität verlangt der Autor seinen Lesern ab. Das Leben seiner naiven Helden schildert er in schönen und komischen, und am Ende, als die Pest alle Hoffnungen begräbt, auch traurigen Bildern.

Der Frühling hat Riva di Pignoli vergessen, kein Strauch grünt, nirgendwo sprießt die Saat. Verlangt die Göttin der Fruchtbarkeit ein Opfer? Albertino, der verzweifelt in der schwarzen Scholle seiner Radicchiofelder stochert, wägt ab. Reicht es, die häßliche und launische Ermenegilda – eine der vier Töchter des reichen Kaufmanns Torta – zu verführen? Allerdings! Innerhalb weniger Stunden, der Frühling wurde übersprungen, reifen Obst und Gemüse in der warmen Sommersonne. Nur Ermenegilda ist unglücklich – sie liebt Albertino schon lange und ist verletzt, als sie merkt, daß sie ihn nach wie vor nicht interessiert:

»Es ist furchtbar!« rief Maria Prima. »Das ist ja, als schliefe man mit dem Kopf in einem Schweinebackofen.«

»Absolut widerlich!« rief Maria Seconda. »Mein Zimmer stinkt wie eine Jauchegrube!«
»Du mußt es ihr verbieten, Mama!« rief Maria Terza. »Sie wird das ganze Haus niederbrennen!«
Denn Ermenegilda hatte – als wäre der Fischgestank im Hochsommer nicht Strafe genug – inzwischen begonnen, in ihrem Zimmer Feldfrüchte zu verbrennen. Tag für Tag verließ sie die Ca' Torta gegen Mittag mit einem riesigen Strohkorb, den sie über der Schulter trug, und kam erst wieder, wenn sie ihn bis an den Rand mit Rüben, Maulbeeren und Löwenzahn, mit Fenchel, Brunnenkresse, Schafgarbe und Margeriten gefüllt hatte. Alles, was da wuchs, alles, was da grünte und blühte, ob wild, durch den Wind, oder liebevoll angebaut, fiel Ermenegildas Zorn zum Opfer.
Sobald sie nach Hause kam, schüttete sie alles in die Mitte eines kleinen Scheiterhaufens, den sie am Fußende ihres Bettes aufgeschichtet hatte, und steckte ihn mit einem von den Zündhölzern an, die Romilda Rosetta für sie in der Küche stibitzt hatte. Die Flammen schlugen niemals sehr hoch, doch der Geruch war grauenhaft: Es stank wie das Ende der Welt, wie ein Eber in der Brunft, wie ein Strom von Kot, gewürzt mit dem Erbrochenen der letzten Woche. Für Ermenegilda jedoch war es nichts weiter als das nahezu verflogene Parfüm einer ruinierten Liebesaffäre.

Die wenigsten Venedigbesucher wissen, daß in der Lagune – durchaus in großem Stil – Wein und Gemüse angebaut wird. Wenn auf Venedigs Märkten in Salat, Artischocken, Tomaten, Paprika oder Auberginen das Schild *nostrani*, heimisch, steckt, dann kommt diese Ernte von Mazzorbo, Vignole oder Sant'Erasmo. Ab Fondamente Nove fährt etwa stündlich das Vaporetto 13 zu den beiden letztgenannten Inseln. Lange, gerade Straßen, links und rechts Felder und Bewässerungskanäle, laden zu einsamen Spaziergängen. Ab und zu begegnet einem ein Bauer auf dem Fahrrad. Gelegentlich öffnet sich der Blick durch das Schilf auf die Lagune. Der Ausflug beginnt an der Anlegestelle Sant'Erasmo Chiesa, dem Mittelpunkt der Insel. In dieser Weltabgeschiedenheit ahnt man, was Golding inspirierte, ein Dorf zu erfinden, das vom Frühling vergessen wird. An der Kirche links vorbei führt ein Weg ins Landesinnere, ein paar Zypressen markieren den Friedhof. Kurz darauf muß man sich entscheiden, ob man sich links oder rechts hält. Wer sich nach links wendet, wählt die volle Hand: Etwas weiter liegt der Agriturismo Ristoro Ca' Vignotto, hier biegen sich im Sommer am Wochenende die Tische unter großen Platten mit fritiertem Gemüse, Pasta, Risotto, gebratenen Hühnern und Fischen und selbstgebackenem Kuchen. Dazu Wein aus eigenem Anbau. Willkommen ist, wer sich telefonisch ankündigt, und für jeden gibt es das gleiche, verlockende und preiswerte Menü.

Danach führt der Weg doch nach Süden, fast die ganze Insel entlang. Am Ende der Insel stößt der Wanderer, wenn er sich rechts hält, nach etwa einem Kilometer auf die Station Capanna, von dort bringt ihn die Linie 13 zurück. Oder man setzt vom Anleger Forte Sant'Erasmo, der sich links versteckt, direkt auf den Lido über, um den Ausflug mit einem Bad im Meer zu beschließen. Das Schiff verkehrt hier selten – doch wer die Abfahrtszeiten nicht erkundet hat, kann sich die Zeit in einer kleinen Gartenwirtschaft, mehr Biergarten als Restaurant, verkürzen. Auf eine ähnliche Wirtschaft trifft der Inselforscher auch auf dem benachbarten Vignole, gleich an der Vaporettostation. Diese ist im Sommer allerdings oft überlaufen, weil man hier auch gut mit der Yacht anlegen kann.

Heutzutage leben in der Lagune einzelne Fischer und Gemüsegärtner, einige Inseln sind Sommerfrische reicher Veneter. Es ist wieder so einsam wie zu Zeiten der Römer. Von der ehemals dichten Besiedlung in der Weite der Lagune sind kaum noch Spuren zu finden, es war schließlich die Siedlung rund um Rialto, die sich zur Weltmacht mauserte:

Dies Geschlecht hat sich nicht zum Spaß auf diese Inseln geflüchtet, es war keine Willkür, welche die Folgenden trieb, sich mit ihnen zu vereinen; die Not lehrte sie ihre Sicherheit in der unvorteilhaftesten Lage suchen, die ihnen nachher so vorteilhaft ward und sie klug machte, als noch die ganze nördliche Welt im Düstern gefangen lag; ihre Vermehrung, ihr Reichtum war notwendige Folge. Nun drängten sich die Wohnungen enger und enger, Sand und Sumpf wurden durch Felsen ersetzt, die Häuser suchten die Luft, wie Bäume, die geschlossen stehen, sie mußten an Höhe zu gewinnen suchen, was ihnen an Breite abging. Auf jede Spanne des Bodens geizig und gleich anfangs in enge Räume gedrängt, ließen sie zu Gassen nicht mehr Breite, als nötig war, eine Hausreihe von der gegenüberstehenden zu trennen und dem Bürger notdürftige Durchgänge zu erhalten. Übrigens war ihnen das Wasser statt Straße, Platz und Spaziergang.

Johann Wolfgang Goethe sticht, festgehalten in seiner *Italienischen Reise,* vor allem die Enge ins Auge, die ihn in Venedig umfängt. Kein Wunder, der Dichter konnte sich nicht so recht entscheiden, ob ihm die Stadt überhaupt gefiel. Das verleiht seinen Berichten durchaus Reiz; ohne den oft üblichen Überschwang beschreibt er sehr präzise einige Phänomene, die andere nicht einmal der Bemerkung wert fanden.

Die meisten Besucher sind vom ersten Eindruck geblendet, wähnen sich in einem Zauberreich, glauben einen Zeitsprung hinter sich zu haben. Auf den zweiten Blick wird man feststellen, daß das nicht stimmt, auch in Venedig ist die Zeit nicht stehengeblieben. Das etwas Andersartige, diese leichte Verschiebung der Lebensgewohnheiten, ergibt sich nur aus der Lage der Stadt: Erstanden mitten im Wasser.

In den letzten 150 Jahren ist Venedig dem Land allerdings nähergekommen. 1846 bauten die Österreicher einen Eisenbahndamm, seit 1933 ist die Stadt auch über eine Straße angebunden. Als

Johann Gottfried Seume (1763–1810) im Februar 1802 aus Triest nach Venedig kam, beides zu der Zeit in österreichischer Hand, setzte er noch mit dem Boot über:

Die Leute meinten hier wieder, ich sei nicht gescheit, als sie hörten, ich wolle zu Fuße von Triest über die Berge nach Venedig gehen und sagten, da würde ich nun wohl ein Bißchen totgeschlagen werden: aber ich ließ mich nicht irre machen [...]
Von Conegliano bis Treviso hatte ich mir auf einem eingefallenen Steinchen die Ferse blutig getreten, und gab daher zum ersten Mal den Zudringlichkeiten eines Vetturino nach, der mich für sechs Liren nach Mestre bringen wollte. [...] Sechs Liren war mir ein unbegreiflich niedriger Preis für einen vollen Wagen mit zwei guten Pferden, den er mir vor dem Wirtshause als mein Fuhrwerk zeigte; so daß ich nicht wußte was ich denken sollte. Aber vor der Stadt hielt er an und packte noch einen venezianischen Kaufmann und eine Tirolerin ein, die als Kammerjungfer ihrer Gräfin nachreis'te; und nun begriff ich freilich. [...]
In Mestre wollte mich die Dame aus Artigkeit mit in ihr Hotel nehmen und meinte, ich könnte morgen mit der Gräfin und ihr zusammen die Überfahrt nach dem schönen Venedig machen: aber ich fand eine Gesellschaft von Venezianern, die noch diesen Abend übersetzen wollte und schloß mich an. Wir ruderten den Kanal hinunter. Die Andern waren alle Einheimische, und hatten weiter nichts nötig als dieses zu sagen; aber ich Fremdling mußte einige Zeit auf der Wache warten, bis der Offizier meinen Paß gehörig registriert hatte. Er behielt ihn, und gab mir einen Passierzettel, nach östreichischer Sitte, mit der Weisung, mich damit in Venedig auf der Polizei zu melden. Das forderte etwas Zeit, da der Herr etwas Myops und kein Tachygraph war; und meine Gesellschafter waren über den Aufenthalt etwas übellaunig. Doch das gab sich bald. Man fragte mich, als ich zurückkam, mit vieler Artigkeit und Teilnahme wer ich sei? wohin ich

wolle? und dergleichen; und wunderte sich höchlich als man hörte, daß ich zu Fuße allein einen Spaziergang von Leipzig nach Syrakus machen wollte. Der Abend war schön, und ehe wir uns versahen, kamen wir am Rialto an, wovon ich aber jetzt natürlich weiter nichts als die magische Erscheinung sah.

Heute ist die Ankunft prosaischer. Doch wer mit der Bahn kommt, braucht der Gondelfahrt nicht nachzutrauern, er durchmißt in erhabener Position und im Rhythmus der Schwellen die Lagune, die »magische Erscheinung« stellt sich ein. Kommt man allerdings mit dem Auto, sieht man nur wenig über die Straßenbegrenzung des Dammes hinaus, und der Reisende muß sich auch ein gutes Stück von den Parkhäusern an der Piazzale Roma entfernen, bis er sich tatsächlich im Lee des Festlandes befindet. Darum ist es auch heute noch besser, Mestre wie Seume anzusteuern (die Parkhäuser dort, gegenüber dem Bahnhof, sind auch billiger) und für den Rest des Weges den Zug zu nehmen.

Wer von Land anreist, gewinnt zwar sogleich einen Eindruck von Lage und Struktur, doch einen Empfang bereitet die Stadt nur vom Seeweg aus. Gustav Aschenbach aus Thomas Manns Novelle *Tod in Venedig*, die 1912 erschien, reist auch über Triest an, nimmt aber von dort aus das Schiff:

Der Himmel war grau, der Wind feucht. Hafen und Inseln waren zurückgeblieben, und rasch verlor sich aus dem dunstigen Gesichtskreise alles Land. Flocken von Kohlenstaub gingen, gedunsen von Nässe, auf das gewaschene Deck nieder, das nicht trocknen wollte. Schon nach einer Stunde spannte man ein Segeldach aus, da es zu regnen begann. […]
Um Mittag nötigte man ihn zur Kollation in den korridorartigen Speisesaal hinab, auf den die Türen der Schlafkojen mündeten und wo am Ende des langen Tisches, zu dessen Häupten er spei-

ste, die Handelsgehilfen, einschließlich des Alten, seit zehn Uhr mit dem munteren Kapitän pokulierten. Die Mahlzeit war armselig, und er beendete sie rasch. Es trieb ihn ins Freie, nach dem Himmel zu sehen: ob er denn nicht über Venedig sich erhellen wollte. [...]
Da tauchte zur Rechten die flache Küste auf, Fischerboote belebten das Meer, die Bäderinsel erschien, der Dampfer ließ sie zur Linken, glitt verlangsamten Ganges durch den schmalen Port, der nach ihr benannt ist, und auf der Lagune, angesichts bunt armseliger Behausungen, hielt er ganz, da die Barke des Sanitätsdienstes erwartet werden mußte.
Eine Stunde verging, bis sie erschien. Man war angekommen und war es nicht; man hatte keine Eile und fühlte sich doch von Ungeduld getrieben. [...] ein Gefühl, dem nachzuhängen freilich die Umstände ihn abhielten, da eben die stampfende Tätigkeit der Maschine aufs neue begann und das Schiff seine so nah dem Ziel unterbrochene Fahrt durch den Kanal von San Marco wieder aufnahm.
So sah er ihn denn wieder, den erstaunlichsten Landungsplatz, jene blendende Komposition phantastischen Bauwerks, welche die Republik den ehrfürchtigen Blicken nahender Seefahrer entgegenstellte, die leichte Herrlichkeit des Palastes und die Seufzerbrücke, die Säulen mit Löw' und Heiligem am Ufer, die prunkend vortretende Flanke des Märchentempels, den Durchblick auf Torweg und Riesenuhr, und aufschauend bedachte er, daß zu Lande, auf dem Bahnhof in Venedig anlangen einen Palast durch die Hintertür betreten heiße, und daß man nicht anders, als wie nun er, als zu Schiff, als über das hohe Meer die unwahrscheinlichste der Städte erreichen sollte.

Das ist leichter gesagt als getan. Einfach ist es vom Flughafen, von hier kann man sowohl ein Wassertaxi als auch ein öffentliches Boot nehmen. Beide bringen einen direkt nach San Marco. Eine richtige Seefahrt ist es, von Punta Sabbioni, der Spitze des Lido di Jesolo, anzureisen. Ob man dort auf den Parkplätzen allerdings tagelang sein Auto stehenlassen möchte, ist die Frage. So ist diese Variante vor allem für jene interessant, die im Rahmen eines Venetien-Urlaubs einen Tag in Venedig verbringen möchten. Eine Zwitter-Ankunft erwartet den, der die Parkhausinsel Tronchetto ansteuert, hier legt die Fähre zum Lido ab, die den Canale di Giudecca und das Becken von San Marco kreuzt. Die gleiche Route kann man von dort auch mit dem Vaporetto wählen.

Der »rasende Reporter« Egon Erwin Kisch (1885–1948) überflog Venedig während des Ersten Weltkriegs im Doppeldecker als Berichterstatter der k. u. k. Monarchie. Ihn, den Feind, hieß die Stadt nicht willkommen. Doch sie zieht Kisch trotzdem kurz in ihren Bann. In seiner Reportage über den Aufklärungsflug zeichnet er mit wenigen Strichen ein Luftbild Venedigs:

Seltsam, kein Laut dringt zu uns. Unten donnern die Geschütze, die Morseapparate klappern das Aviso unserer Ankunft an alle Geschützstellungen, die Venezianer laufen durcheinander, manche verstecken sich vielleicht in bombensichere Unterstände, und Tausende, Tausende schauen zu uns herauf. Wir aber, wir sehen keinen Menschen und hören nichts als das Rattern unseres Motors.

Keine Betrachtungen! Zu solchen Dummheiten ist jetzt keine Zeit. Rechts das Arsenal, die Nordostspitze der Lagunenstadt. Selbst eine Stadt. Rings um das quadratische Bassin graue Särge, die Dächer der langgestreckten Werkstätten, im äußersten Winkel ein durchschnittener Seidenkokon mit der Puppe in der Mitte, ein Trockendock; die verpuppte Raupe ist ein Schlachtschiff, Typ Sardegna; im Becken vor den Scali da Construzioni vertäut: ein Kreuzer, drei Torpedoboote und ein Zerstörer – wahrscheinlich zur klinischen Behandlung nach der Begegnung

mit der »Balaton«. Vor den Volksgärten, den Giardini, ankern auch zwei Torpedoboote.
Das krieg ich auf eine Platte. Ich neige die Kamera, ziele gegen Nordosten und exponiere, indem ich den revolverartigen Hahn knipse.
Und schon wendet der Flugzeugführer, der darauf gewartet hat, nach links. Es ist auch höchste Zeit! Vom Lido steigen Landflieger auf. Ein besorgter Blick nach unten: zwei Nieuports, sie sind noch weit und noch tief.
Abschiedsblick nach rechts. Winzige Borstenhärchen am Rande der Riva degli Schiavoni sind friedliche Gondeln, Bekannte aus vergangener Zeit. Vom Campanile sehe ich nur das Dach, aber er streckt mir mit Grandezza seinen Schatten weit ausladend entgegen. Markuskirche, Dogenpalast, Zecca, Bibliothek, Procurazien! Euch sehe ich nicht, ihr glockenschlagenden Riesen auf der Torre d'Orologio; Zwerge seid ihr! Oder habt ihr euch verkrochen? ... Ein S schlingt sich durch die Stadt: der Kanal.

Der Canal Grande ist das etwas skoliotische Rückgrat des Fisches, der die Umrisse der Stadt beschreibt. Hauptverkehrsader, Prachtstraße und wegen der spiegelverkehrten S-Krümmung beständig täuschende Orientierung. Auf beiden Seiten befinden sich drei Stadtteile, die hier *sestieri*, Sechstel heißen, im Süden San Polo, Santa Croce und Dorsoduro, im Norden Cannaregio, Castello und San Marco. Eine offizielle venezianische Adresse besteht nur aus dem jeweiligen Sestiere und einer vierstelligen Zahl, die das Haus bezeichnet. Straßenangaben sind keineswegs immer üblich, eher wird die nächste Vaporettostation, der Anleger des Wasserbusses, mit genannt. Und das verweist auch darauf, warum die Straßennamen für die Adresse keine Bedeutung haben: Die Venezianer definierten sich über ihren Kanalzugang, normalerweise ist dort ja auch die Hauptfassade. Heute werden viele dieser Zugänge nicht mehr genutzt, weil die Bewohner kein Boot haben. Der Kanalzugang des modernen Venezianers ist nun »seine« Vaporettostation, die auch Adreß-Funktion übernimmt. Trotzdem spielen die Bezeichnungen der »Straßen« eine große Rolle. Sie sind Hinweise auf Umgebung und Wegführung.

Beginnen wir mit der Enge. *Callesella* ist eine so schmale Gasse, daß hier zwei Leute kaum aneinander vorbeikommen, *calle* die normale Gasse, *calle larga* eine außergewöhnlich lange Gasse, die aber überall anders auf der Welt als kurz durchgehen würde. *Salizzada* ist die Hauptstraße eines Sestiero, die bereits sehr früh gepflastert war, und es gibt auch eine *strada*, die *strada nuova*, eine breite Einkaufsstraße, parallel zum Canal Grande. Ansonsten ist es ein Hinweis auf Geschäfte, wenn der Name *ruga* fällt. Für die Orientierung wichtig sind alle Bezeichnungen, die auf Sackgassen schließen lassen: Nicht immer, aber oft hat der *corte*, der Hof, nur einen Ausgang, die Gasse, die dorthin führt und das Ende auch ankündigt, heißt *ramo*. Ein *ramo*, ein Zweig, endet oft auch an einem Kanal, ohne daß dort eine Brücke wäre. Das Wort *sacca*, also das Wort für Sackgasse, ist wiederum blind endenden Kanälen vorbehalten. Die Kanäle heißen bis auf die wenigen breiten Wasserstraßen *rio*. Ein *rio terrà* ist ein zugeschütteter Kanal, das befestigte Ufer wird *fondamenta* genannt. Hier kann man immer am Kanal entlangspazieren. Die prächtigen Ufer, die Promenaden, heißen *riva*.

Der österreichische Schriftsteller Fritz von Herzmanovsky-Orlando (1877–1954) würde allerdings nur lachen ob des obigen Versuchs, die Stadt durchgängiger zu machen. In seinem grotesken Roman *Maskenspiel der Genien*, dessen Protagonist Cyriak von Pizzicolli in Venedig aufwächst, bezweifelt er, daß Orientierung überhaupt möglich ist:

Es gehört nämlich zu den sonderbaren Marotten jedes auch nur vorübergehend in Venedig Seßhaften, lieber obdachlos umherzuirren, als nach dem Weg zu fragen, geschweige denn sich führen zu lassen. Das würde auch gar nichts nützen. Immer wieder habe ich selbst Eingeborene der Lagunenstadt – darunter Briefträger und Polizisten oder städtische Ingenieure mit Meßlatten – wehklagend vor Madonnenbildern gefunden: falsche Scham verbot diesen Unglücklichen, Auskünfte über den Weg einzuholen. So wandten sie sich in ihrer Verzweiflung an die höheren Mächte, und die Kirche strich schmunzelnd manchen Batzen für die Gelübde der Verirrten ein. Übrigens bekommt man in Venedig außer den fehlerhaften Kursbüchern, die in ganz Italien zu stark herabgesetzten Preisen erhältlich sind, um ein wahres Spottgeld auch falsche Stadtpläne zu kaufen. Es ist ja doch alles eins. Sogar geistlos kopierte Schnittmuster werden dem naiven Reisenden als Stadtplan aufgeschwatzt.

Der Brite Ian McEwan (*1948) hält obdachlos umherzuziehen jedenfalls für das kleinere Übel, wirklich beklemmend wird es in seinen Phantasien erst, wenn man sich der Obhut Ortskundiger anvertraut. Sein Roman *Der Trost von Fremden* ist der schwärzeste aller Venedig-Romane. Zwei Liebende, Colin und Mary, sind voneinander und der Welt gelangweilt, wissen nicht so recht, was sie in der Stadt wollen. Ziellos und etwas gereizt streifen sie tagelang durch die Gassen. Schließlich geraten sie in die Fänge eines sadistischen Ehepaars. Ihr Schicksal nimmt seinen Lauf, als die beiden ihr Hotel nicht mehr finden:

Wo sich die Straße teilte, stand, was einmal eine imposante Residenz, ein Palast gewesen sein mußte. Unter den rostigen Balkonen im ersten Stock starrte eine Reihe steinerner Löwen hervor. Die hochgewölbten Fenster, flankiert von feingerillten, narbigen Pfeilern, waren mit Wellblech verbarrikadiert, das man sogar im zweiten Stock wild mit Plakaten beklebt hatte. Die meisten An- und Verkündigungen stammten von Feministinnen und der extremen Linken, ein paar von lokalen Gruppen, die gegen den

Abriß und die bauliche Neugestaltung des Gebäudes opponierten. [...] Die Hände in die Hüften gestemmt, spähte Colin die eine Straße hinunter und ging dann hinüber, um die andere hinunterzuspähen. »Wir hätten die Stadtpläne mitnehmen sollen.«

Mary war die ersten Stufen zum Palast hochgeklettert und las die Plakate. »Die Frauen sind hier radikaler«, sagte sie über die Schulter, »und besser organisiert.«

Colin war zurückgetreten, um die beiden Straßen zu vergleichen. Sie verliefen ein längeres Stück weit gerade und bogen dann auseinander. »Sie haben auch mehr zu kämpfen«, sagte er. »Wir sind hier schon mal langgekommen, aber erinnerst du dich noch, wie es weiterging?« Mary übersetzte mit Mühe eine weitschweifige Proklamation. »Wie ging es weiter?« sagte Colin etwas lauter.

[...] »Sie fordern für überführte Vergewaltiger die Kastration!«

Er war ein paar Schritte gegangen, um die rechte Straße besser sehen zu können. »Und für Diebstahl abgehackte Hände? Sieh mal, ich bin sicher, wir sind auf dem Weg zu dieser Bar an dem Trinkbrunnen hier schon mal vorbeigekommen.« [...]

Colin ging wieder ein paar Schritte, stellte sich breitbeinig hin und blickte die linke Straße hinunter. Auch dort gab es einen Trinkbrunnen. [...]

Mary verschränkte die Arme und setzte sich nach kurzem Nachdenken langsam die rechte Abzweigung hinunter in Bewegung. Sie hatte ihren gemächlichen, präzisen Schritt wieder aufgenommen. [...]

Unbehaglich verfolgte Colin, wie sie davonging. »Wart mal, Mary«, rief er ihr hinterher. »Bist du sicher, daß das richtig ist?« Sie nickte, ohne sich umzudrehen. In weiter Ferne, einen Moment lang herausgehoben von einer Straßenlaterne, kam ihnen eine Gestalt entgegen. Hierdurch irgendwie ermutigt, holte Colin Mary ein.

Schließlich verbringen sie eine Nacht im Freien. In desolater Verfassung treffen sie auf einen hilfsbereiten Fremden, der sie mit zu sich nach Hause nimmt. Sie sind völlig erschöpft und dankbar, daß sie dort gleich ins Bett fallen dürfen. Sie wachen auf, ihre Kleider sind fort, und langsam schwant es ihnen, daß sie Gefangene sind. So wird Venedig zum Albtraum. Hinter den Ecken, die man nicht suchte, und dem Weg, der sich nicht findet, lauern Ängste und Abgründe. Colin beunruhigte das Labyrinth von Anfang an, während es Mary Spaß macht, sich treiben zu lassen. Wie den Niederländer Cees Nooteboom (*1933) inspirieren sie die überraschenden Entdeckungen. In seinem Essay »Als habe die Welt geträumt« schildert er nicht nur das Vergnügen, das es bringt, durch die Gassen zu streifen, zu sehen und zu staunen, sondern auch den außerordentlichen Genuß, auf die Geräusche der Stadt zu horchen:

Du hast etwas gesucht, einen Palast, das Haus eines Dichters, aber du verläufst dich, biegst in eine Gasse ein, die an einer Mauer endet oder an einem Ufer ohne Brücke, und mit einem Mal wird dir bewußt, daß es genau darum geht, daß du erst dann die Dinge siehst, die du sonst nie sehen würdest. Du bleibst stehen, und was du hörst, sind Schritte, das vergessene Geräusch, das zu einer Zeit ohne Autos gehört und hier seit Jahrhunderten ununterbrochen ertönt. Schlurfende, stürmische, eilige, träge, schlendernde Schritte, ein Orchester mit Instrumenten aus Leder, Gummi, Holz, Sandalen, Stöckelschuhe, Stiefel, Freizeittreter, doch stets das menschliche Maß, das in den Stunden des Lichts anschwillt und, wenn es dunkel wird, allmählich abnimmt, bis man nur noch Soli hört und schließlich die einsame Arie der eigenen Füße, die in der dunklen, schmalen Gasse, auf den Marmorstufen widerhallen, und dann nur noch Stille, bis die Stadt zum letztenmal etwas sagen will: daß es auch in Fabeln Mitternacht wird.

Hemingways todkranker Colonel Cantwell lebt ebenfalls angesichts des Labyrinths auf. Er schlägt sich wie Nooteboom auf die lustvolle Seite: Das Suchen des Weges wird ihm zum entspannenden Zeitvertreib. Er erfindet ein Spiel, das jedem, der Venedig entdecken will, zur Nachahmung empfohlen sei. Der Canal Grande täuscht nicht nur durch seinen Verlauf, die meisten Reisenden kennen auch sein Geheimnis nicht. Es führen nur drei (wenn die zwischen Piazzale Roma und Ferrovia seit Jahren projektierte Brücke fertiggestellt ist, vier) Brücken über den Kanal – und doch ist er vielfach zu überqueren. Die Einheimischen benutzen das Traghetto, die Gondelfähre. Eine dieser Fähren setzt zu den Hauptverkehrszeiten von der Haltestelle San Marco/Vallaresso zur Punta Dogana über, und damit beginnt die Partie:

Der Colonel fuhr mit der Zehn-Centesimi-Gondel über den Kanal, bezahlte mit dem üblichen schmutzigen Geldschein und stand in der Menge derer, die zum frühen Aufstehen verdammt sind [...]
Er drang in das äußere Ende der Stadt ein, das Ende, das schließlich an die Adria grenzt und das er am liebsten hatte. Er ging zuerst durch eine sehr enge Gasse; er beabsichtigte weder die Anzahl der mehr oder weniger von Norden nach Süden laufenden Straßen im Geist zu vermerken noch die Brücken zu zählen, sondern wollte versuchen, sich zu orientieren, um, ohne in irgendwelche Sackgassen zu geraten, am Markt [Rialto] herauszukommen.
Es war ein Spiel, das er spielte, wie manche Leute »Double Canfield« spielten oder allein eine Patience legten. Aber es hatte den Vorzug, daß man sich bewegte, während man es spielte, und daß man sich, während man spazierenging, die Häuser ansah, die unbedeutenderen Aussichten, die Geschäfte und die *trattorias* und die alten Paläste der Stadt Venedig. Wenn man Venedig liebte, war es ein ausgezeichnetes Spiel.

Es ist eine Art von *solitaire ambulante,* und was man gewinnt, ist Beglückung für Auge und Herz. Wenn man auf dieser Stadtseite zum Markt gelangte, ohne je steckenzubleiben, hatte man das Spiel gewonnen. Aber man darf sich's nicht zu leicht machen. Man darf nicht zählen.

Auf der anderen Seite der Stadt bestand das Spiel darin, vom *Gritti* aus über das Fondamente Nuove ohne Fehler an den Rialto zu gelangen.

→ Königin der Meere

Die Koordinaten der See- und Handelsmacht

Campo Madonna dell'Orto – Gentile Bellini »Die Prozession auf dem Markusplatz«, Gallerie dell'Accademia – Campo dell'Abazzia – Palazzo Mastelli – Campo dei Mori – Fondamenta degli Ormesini – Arsenale – Museo Storico Navale – Basilica di San Marco – Piazzetta – Dogana da Mar – Saloni – Zattere – Canal Grande – Weltkarte des Fra Mauro, Biblioteca Marciana – San Lazzaro

Ganz im Norden des Cannaregio liegt der Campo Madonna dell'Orto. Ein heiterer Platz, abgelegen, wenig besucht. Hier steht eine der schönsten gotischen Kirchen Venedigs. Sie ist kleiner als ihre Schwestern, die Chiesa San Zanipolo, wie die Chiesa dei Santi Giovanni e Paolo genannt wird, und die Chiesa dei Frari, aber nicht bescheidener. Wunderbar die dreiteilige Fassade, von deren Flanken seit Jahrhunderten die zwölf Apostel das Geschehen beobachten. Lichtdurchflutet und weit der Innenraum mit seinen rohen Ziegelwänden, der Kassettendecke des Hauptschiffs und dem offenen Blick auf den Dachstuhl in den Seitenschiffen. Reich ist die Innenausstattung mit Werken von Giovanni Bellini, Cima da Conegliano und Jacopo Tintoretto, der hier auch begraben liegt.

Doch die eigentliche Attraktion dieses Ortes ist – obwohl sie die Atmosphäre des Platzes bestimmt – so unauffällig, daß sie der bewußten Wahrnehmung entgeht: das rote Ziegelpflaster.

Macht man sich auf die Suche nach Spuren des mittelalterlichen Venedigs, sagen wir zwischen 1099, als die Venezianer begannen, sich an den Kreuzzügen zu beteiligen, und 1492, als Kolumbus Amerika entdeckte, oder sechs Jahre später, als Vasco da Gama den Seeweg nach Indien fand, so muß man feststellen, daß die Relikte erstaunlich dünn gesät sind. Es gibt kaum Bilder, die Quel-

CIVITAS VENECIARV
sci Marci
palaciu ducis

len sind spärlich. Topographie und Architektur haben sich in den folgenden Epochen verändert und wurden anderen Funktionen zugeführt.

Ursprünglich waren die Plätze Venedigs lehmige, sandige Areale, festgetreten oder von Regen und Fluten schlammig, *campi*, Felder. Im 13. Jahrhundert begannen die Venezianer, ihre Plätze zu pflastern, allen voran die Piazza San Marco, doch nicht mit den grauen, würdigen, etwas abweisenden Steinplatten mit ihrem strengen Marmormuster, die wir kennen – diese wurden im 18. Jahrhundert verlegt –, sondern im Fischgrätmuster aus roten Ziegeln. In der Accademia hängt das Bild *Prozession auf dem Markusplatz* von Gentile Bellini aus dem Jahr 1495, auf dem dieses Pflaster gut zu sehen ist. Auf dem Campo Madonna dell'Orto und auf dem einige Schritte weiter östlich gelegenen Campo dell'Abbazia findet man diese mittelalterliche Atmosphäre auch heute noch. Fragmente und vereinzelte Überreste regen die Phantasie oft stärker an als komplette oder gar restaurierte Zeugnisse. Das in den letzten Jahrhunderten eher ärmliche Cannaregio macht es einem besonders leicht, sich bis zu 900 Jahre zurückzuversetzen.

Geht man vom Campo Madonna dell'Orto über die Brücke Richtung Campo dei Mori, so liegt links der Palazzo Mastelli, der auch Palazzo del Cammello genannt wird. Ein Dromedar und sein Treiber zieren als Reliefplatte die Fassade zum Kanal hin. Die Vorfahren der Mastellis waren arabische Händler, die im Jahr 1112 aus Morea, der Peloponnes, nach Venedig kamen. Die Araber hatten im 9. Jahrhundert Teile Moreas erobert, konnten es aber im 12. Jahrhundert nicht länger halten. Ein Teil der flüchtenden arabischen Händler ließ sich daraufhin in Venedig nieder, und auf dem Campo dei Mori entstand ihr Handelshaus, der Fondaco dei Arabi. Dieses Gebäude steht nicht mehr – davon übriggeblieben sind

← Die Piazetta mit San Marco 1486: Ausschnitt aus einem Holzschnitt des Utrechter Erhart Reuwich

lediglich drei Gestalten, die an den Mauern des Eckhauses ausharren: zwei Männer mit Turban und einer mit Eisennase. Das Trio aus dem 14. Jahrhundert sollen die Brüder Rioba, Sandi und Afani sein, allesamt Mitglieder der Familie Mastelli.

Der Fondaco selbst war als Begriff und Modell ein arabischer Import. In Alexandria durften die Venezianer ihrerseits einen *fonduk*, wie es im Arabischen heißt, unterhalten. Der Fondaco war Lager, Handelshaus und Zwangsherberge in einem. Diese Faktoreien wies der Magistrat zu, und die Stadt bestellte auch die Händler, die hier ihren Geschäften nachgehen durften. Ihre Lizenz erlaubte ihnen ausschließlich, mit Venezianern zu handeln – mit hohen Courtagen über öffentliche Makler. Das Verfahren garantierte, daß sowohl die Stadt als auch ihre Händler an jedem Geschäft, das über den venezianischen Hafen lief, beteiligt waren. Die Araber handelten mit Gewürzen und Seidenstoffen. Ihre großen Frachtschiffe ankerten vor San Marco, Ruderboote brachten die Pfeffersäcke und Tuchballen hierher, und um den Fondaco spielte sich das Geschäftsleben ab.

Venezianer als Handelspartner des ganzen Mittelmeerraumes warfen normalerweise nicht alle »Muselmanen« in einen Topf. Sie unterschieden zwischen den Arabern, deren Heimat Vorderasien – der »Nahe Osten« – ist, und den Mauren, *mori*, den Berberstämmen Nordafrikas. Da rund um den Campo dei Mori aber keine Mauren, sondern Araber handelten, darf man annehmen, daß sich die Bezeichnung des Platzes auf jene arabischen Kaufleute bezieht, die über Morea nach Venedig kamen.

Überquert man die sich anschließende Brücke Richtung Süden, so erstreckt sich am nächsten Kanal, dem Rio della Misericordia, nach Westen die Fondamenta degli Ormesini. Die *ormesini* waren die persischen Händler aus Ormuz oder Hormuz. Ein Hauch von Orient liegt auch heute wieder über diesem Kai, mehrere Restaurants in syrischer oder libanesischer Hand servieren mit Blick auf den Kanal *meze*, würzige arabische Leckereien, und scharfes

Lammfleisch oder auch nur einen *mokka* mit Kardamom aufgekocht.

Im Jahr 1095 rief Papst Urban II. die Christenheit auf, das von den Türken eroberte Jerusalem den Händen der ungläubigen Muslime zu entreißen. In den folgenden 200 Jahren zogen die Gesandten des Papstes durch Europa auf der Suche nach Kampfgefährten. Gefragt waren zahlungskräftige Edelleute zur Finanzierung der Kreuzzüge, angezogen wurden aber vor allem besitzlose Ritter, die sich gute Beute und Zugriff auf eroberte Ländereien versprachen. Französischer, flandrischer und deutscher Adel zog in insgesamt sieben Kreuzzügen für die Vorherrschaft des Abendlandes zu Felde.

Die Seemächte Genua und Pisa erkannten sofort, daß Versorgung und Ausrüstung der Truppen und Pilger ein interessantes Geschäft eröffneten. Die Venezianer stiegen etwas später in dieses Gewerbe ein, es dauerte aber nicht lange, und sie wickelten den größten Teil des Transports ab. Ihr Seeweg – damals wurde fast ausschließlich an den Küsten entlang gesegelt – war kürzer, und sie unterboten die Preise der Pisaner und Genueser.

Der so entstandene Bedarf an Schiffen war groß, und um flexibel und billiger bauen zu können, beschloß die Republik im Jahr 1104, den Schiffsbau in großem Stil in eigener Regie zu übernehmen. Für den Standort des Arsenals – wieder eine Bezeichnung aus dem Arabischen, *dar assina'a*, Haus des Handwerks – wurden zwei große, sumpfige Inseln im Osten der Stadt trockengelegt. Fast 50 Jahre lang war hier eine Großbaustelle. Windräder pumpten das Wasser in Entwässerungskanäle, und ein Heer von Handwerkern befestigte den sandigen Untergrund. Andere bauten Hafenbecken und Docks, errichteten Werkstätten für Ruder, Masten und Segel. In der Stadt gab es weiterhin Werften und Zulieferwerkstätten, doch hier entstand ein Komplex, dessen Größe und Effizienz in der damaligen Zeit konkurrenzlos und für viele Zeitgenossen wohl auch unvorstellbar war. Ab 1303 noch erweitert, arbeiteten hier bis zu 20 000 Handwerker. Dante Alighieri (1265–1321) muß von der Anlage tief beeindruckt gewesen sein. In seiner *Göttlichen Komödie* mythologisiert er das Arsenal als einen Teil des Infernos. Je tiefer er steigt, je mehr es brodelt, um so bevölkerter wird seine Hölle, und das Gedränge findet im achten, dem vorletzten Höllenkreis, einen Höhepunkt in dieser Werftanlage:

So wie im Arsenal der Venezianer
Das zähe Pech im Winter pflegt zu kochen,
Um ihre lecken Schiffe herzustellen,
Die nicht mehr fahren können, und der eine
Baut sich ein neues Schiff, der andre bessert
Die Seiten aus nach vielen langen Reisen;
Der eine flickt am Bug, am Heck der andre,
Der macht sich Ruder, jener windet Taue,
Und wieder andre stopfen Segeltücher.
So kochte dickes Pech im Graben drunten,
Durch Gottes Kunst und nicht von einem Feuer;
Und kleben sah man's überall am Ufer.

Gebaut und instandgesetzt wurden im Arsenal Segelschiffe und Galeeren. Bis etwa 1300 wurden die Segelschiffe als Transportschiffe, die Galeeren – schneller und wendiger – als Kriegsschiffe eingesetzt. Diese begleiteten die Transportschiffe, um die Handelsladung oder die Kriegsbeute vor Angriffen zu schützen. Ab 1290 ließen die venezianischen Räte Galeeren entwickeln, die auch als Handelsschiffe taugten. Sie verfügten über Laderaum für 150 Tonnen bei 200 Mann Besatzung, waren schmal und windschnittig und mit Segeln bestückt. Ruderer unterstützten das Kreuzen, bei ungünstigen Winden auch das Ein- und Auslaufen aus den Häfen, und bei Flaute ging es zumindest langsam voran. So wurde ihr Fahrplan zuverlässiger.

Im Jahr 2001 legten Archäologen in der südlichen Lagune bei der Insel San Marco in Boccalama ein Frachtschiff und eine Galeere aus dem 14. Jahrhundert frei. Die beiden Schiffe wurden seinerzeit wahrscheinlich absichtlich versenkt, um den Untergrund der Insel zu stabilisieren. Doch es stehen keine Mittel zur Verfügung, um sie zu bergen und dauerhaft auszustellen. So muß das Museo Storico Navale, das Museum für die Geschichte der Seefahrt, das in einem ehemaligen Lagerhaus am Rio dell'Arsenale untergebracht ist, zumindest vorerst auf diese beiden spektakulären Originale verzichten, und der Besucher muß mit Nachbauten vorliebnehmen. Doch auch diese veranschaulichen die rasante Entwicklung des Schiffsbaus im Arsenal. Nautische Geräte, Karten und Modelle der venezianischen Festungen im Mittelmeerraum vervollständigen die Sammlung. Schautafeln zeigen die Überlegenheit der venezianischen Flotte, Kanonen, Waffen und Trophäen erzählen von den Grausamkeiten der Unterwerfung. Aber auch die Seeleute erlebten leidvolle Tage, davon zeugt eine Sammlung von etwa 60 Votivbildern, die Seefahrer oder ihre Angehörigen nach überstandener Seenot stifteten. Die ältesten stammen aus dem 16. Jahrhundert, die jüngsten sind keine 150 Jahre alt.

Im Jahr 1202 sitzen 10 000 Kreuzfahrer in einem Zeltlager auf S. Nicolò, dem nördlichen Zipfel des Lido, fest. Die Gesandten von Papst Innozenz III. hatten die Venezianer im Jahr zuvor beauftragt, zur Durchführung des vierten Kreuzzugs Schiffe und Verpflegung für etwa 4500 Ritter, 9000 Knappen, Tausende von Pferden und 20 000 Mann Fußvolk zur Verfügung zu stellen. Der Doge, Enrico Dandolo, wollte seinerseits 50 Galeeren als bewaffnetes Geleit mitschicken. Als Preis für Flotte und Ausrüstung wurden 85 000 Silbermark vereinbart, als Gegenleistung für das Geleit beanspruchte Dandolo die Hälfte aller Ländereien und Besitztümer, die während des Kreuzzuges erobert würden. Die

Schiffe lagen bereit. nur ein knappes Drittel der erwarteten Kreuzfahrer war allerdings eingetroffen, und ihre Kollekte reichte nicht aus, die Venezianer zu bezahlen. Der Doge erklärte sich jedoch bereit, die Schuld unter der Bedingung zu stunden, daß sie Venedig bei der Rückeroberung Zaras, des kroatischen Zadar, von den Ungarn unterstützten. Aber Krieg zu führen gegen den ungarischen König – selbst ein Kreuzfahrer – hieße, sich gegen den Papst zu stellen. Doch die Kreuzritter waren in der Hand der Venezianer, die die Gelegenheit ergriffen, die Mission in ihrem Sinne zu nutzen.

Enrico Dandolo führt eine Flotte von über 200 Schiffen an, Zara fällt, Venedig und das gesamte Heer trifft der Kirchenbann. Doch dieser ist insofern eine Farce, als Innozenz III. weder über ein Heer noch über eine Flotte verfügt. Inzwischen ist es ohnehin Winter und der Feldzug unterbrochen. Schließlich wird der Bann wieder aufgehoben. Die Venezianer halten sich aus allen Verhandlungen heraus, weil sie wissen, der Papst ist von ihrer Flotte abhängig. Außerdem zeichnet sich ein besserer Einsatzzweck ab, der sich als ein folgenreicher Schachzug erweist und sogar kurzfristig die Frage aufwarf, ob das venezianische Reich das Zentrum seiner Macht nicht nach Byzanz verlegen sollte.

Denn inzwischen war der Sohn des gestürzten byzantinischen Kaisers Isaak an die Truppe in Zara mit der Bitte herangetreten, ihm bei der Rückeroberung Konstantinopels zu helfen. Dafür bot er 200 000 Silbermark, je zur Hälfte für die Venezianer und die Kreuzfahrer. Ein nicht nur finanziell verlockendes Angebot, hatte sich der neue byzantinische Kaiser, Alexios III., doch mit dem Rivalen Genua verbündet. Und die Kreuzritter, die das materielle Argument nicht überzeugte, konnten ihr Gewissen damit beruhigen, daß Byzanz nach dem Schisma von 1054, der Bannung der Ostkirche durch Rom, ebenfalls zu den Feinden des Abendlandes zählte und unrechtmäßig die Hand auf wichtigen Reliquien der Christenheit hatte.

Konstantinopel war eine unvorstellbar reiche Handelsstadt mit riesigen Palästen und Kirchen, umgeben von hohen Mauern und Türmen, die seit 900 Jahren der Einnahme widerstanden. Im Juli 1203 eroberte das Heer in wenigen Tagen den byzantinischen Thron. Doch ihr Auftraggeber zahlte nicht, und er schaffte es auch nicht, sich gegen das Ränkespiel seiner Widersacher zu behaupten. Als diese ihn ermordeten, hatten Dandolo und die Kreuzritter längst beschlossen, die Stadt abermals zu stürmen und das Byzantinische Kaiserreich untereinander aufzuteilen. Im April 1204 fiel Byzanz endgültig. Tagelang plünderten die Truppen im Namen des Kreuzes die Stadt. Niketas Choniates (etwa 1155–1215), ein hoher byzantinischer Beamter, beschrieb in seiner *Chronike Diegesis,* einer 21-bändigen Geschichte der Jahre 1118 bis 1206, die Ereignisse dieser Tage voller Empörung:

Was soll ich als erstes, was als letztes aufzählen von dem, was diese blutbesudelten Männer zu tun sich vermaßen? O welche Schändung, als sie die verehrten Ikonen zu Boden schleuderten, als sie die Reliquien derer, die für Christus gelitten, auf abscheuliche Orte warfen! […]
Die Freveltaten, die sie in der Großen Kirche [Hagia Sofia] verübten, sind kaum zu glauben. Der Altartisch […] wurde von den Plünderern zerstückt und verteilt, desgleichen auch der ganze Kirchenschatz, der ungeheuer groß und prachtvoll war. Als sie, gleich als wäre das auch eine Beute, die allerheiligsten Geräte und Gefäße von unübertrefflicher Kunst und Schönheit und aus seltenen Stoffen, das gediegene, mit Gold überzogene Silber […] aus der Kirche fortschaffen wollten, führten sie Maulesel und Packtiere bis zum Allerheiligsten vor und beluden sie schwer. […]
Das Unheil kam über jedes Haupt. In den Gassen war Weinen und Jammern, die Straßen erfüllte Klagen und Geheul, aus den Kirchen tönte Wehgeschrei, Männer seufzten, Frauen schrien,

überall wurden Leute verschleppt, versklavt, gezerrt, aus den Armen ihrer Lieben gerissen. [...]
Ja, das waren die verständigen, weisen Männer, wofür sie sich hielten, die wahrheitsliebenden, treu die Eide bewahrenden Hasser alles Schlechten, das waren die Männer, die so viel frömmer waren als wir elenden Griechen, so viel gerechter und genauer im Befolgen der Gebote Christi, das waren die Männer, die, was noch schwerer wiegt, das Kreuz auf ihren Schultern trugen, die oft auf dieses Kreuz und die Heilige Schrift den falschen Eid geschworen, sie würden Christenländer ohne Blutvergießen durchziehen, nicht nach links abweichen, nicht nach rechts abbiegen, weil sie nur gegen die Sarazenen ihre Hand gewaffnet hätten.

Die Schätze dieser Plünderung sind auf Kirchen des ganzen Abendlandes verteilt und begründeten so manchen Kirchenschatz. Doch auf drei Viertel der Beute erhoben die Venezianer Anspruch. Ihre Flotte brachte einen Reliquienschatz nach Hause, der nur noch durch den Roms übertroffen wurde. Dazu Gold, Silber und Edelsteine in unüberschaubaren Mengen und, das mag heute kurios erscheinen, unzählige Bauteile: Quader, Kapitelle, Reliefs und Säulen.

Bereits im Jahr 828 hatten die Venezianer in Alexandria die Gebeine des Heiligen Markus geraubt, um den Bischofssitz auf der Insel Olivolo, S. Pietro di Castello, aufzuwerten. Mit der Bedeutung des zuständigen Heiligen – ein Apostel war erste Wahl – stieg die Größe seines irdischen Stellvertreters. Und als dieser sah sich ganz offensichtlich der Doge. Kaum war die Reliquie in der Stadt eingetroffen, beschlagnahmte er sie, begann mit dem Bau von San Marco als Staatskirche und machte dem Bischof Konkurrenz. Dieser spielt seitdem eine Nebenrolle am äußersten Stadtrand. Kein Doge ordnete sich in der Folge einem Papst unter.

Als im Jahr 1204 die Steine Konstantinopels schiffsweise eintrafen, war der Bau des Markusdoms bereits der dritte an dieser Stelle. Der erste, noch aus Holz, war abgebrannt. Der zweite wurde bis auf die Krypta niedergerissen, und 1094 fand die Einweihung des Gebäudes statt, das wir im Prinzip heute kennen.

Landläufig wird San Marco als Basilika bezeichnet – aber das wäre eine drei- oder mehrschiffige längsausgerichtete Kirche in der Tradition der weströmischen Kirche. Als Vorbild diente jedoch die oströmische Apostelkirche in Byzanz: ein Kuppelbau basierend auf einem griechischen Kreuz, eingeschrieben in ein Quadrat. Mit dem Kriegsgut ließ sich der Dom stilgerecht ausbauen und vor allem von außen schmücken.

Besonders bemerkenswert sind zwei spätrömische Gruppen aus diesem Beutezug: In die Ecke der Südwestfassade, zur Piazzetta hin, eingemauert, vier Männer aus rotem Porphyr. Sie sind vermutlich ein Abbild der Tetrarchen – Kaiser Diokletian (etwa 246–313) und seine drei Mitregenten. Nach venezianischer Deutung handelt es sich allerdings um vier Schurken, die bei dem Versuch, die Gebeine des Heiligen Markus zu rauben, zu Stein erstarrten.

Den Mittelpunkt der Fassade beherrschen vier vergoldete Bronzerosse. Seit 1982 stehen hier auf der Galerie Kopien, die Originale sind im Museo Marciano zu besichtigen. Doch auch diese Originale sind Repliken, nach hellenistischem Vorbild im 2. Jahrhundert kopiert, und als Teil einer Quadriga krönten sie ursprünglich einen Triumphbogen in Rom. Im Jahr 330 nahm Kaiser Konstantin der Große sie bei der Verlegung der Hauptstadt des Römischen Reiches mit nach Byzanz, das er nun Konstantinopel nannte. Dann verschleppten sie die Venezianer auf den Markusplatz, doch auch hier waren sie nicht gegen weitere Ortswechsel gefeit: Als 1797 Napoleons Truppen die Stadt plünderten, nahmen sie die Pferde mit. In Paris wurden sie – passend – auf der Place du Carrousel installiert. Nach zähen Verhandlungen, die unter anderem der

Bildhauer Antonio Canova führte, händigten die Franzosen 1815 die Beute wieder aus.

Die Rosse zogen auch Francesco Petrarca (1304–1374), der einige Jahre in der Lagunenstadt wohnte, in ihren Bann. Nachdem die Venezianer in Kreta einen Aufstand niedergeschlagen hatten, nahm Petrarca im Jahr 1364 als Gast des Dogen Lorenzo Celso an den Siegesfeierlichkeiten teil:

Schon hatte der Doge in Begleitung einer unermeßlich großen Zahl von Vornehmen seinen Platz an der Stirnseite der Kirche über der Eingangshalle eingenommen, um von der marmornen Tribüne aus alles vor sich zu haben. Dies ist die Stelle, wo die berühmten vier vergoldeten ehernen Pferde stehen – ein Werk des Altertums, das von einem herrlichen Künstler, wer es auch gewesen sein mag, stammt – und die von der Höhe herab fast, wie wenn sie lebendig wären, schnauben und mit den Füßen stampfen [...]

Und fährt dann noch mit einem hübschen Detail fort:

Daß aber die nach Westen sich neigende Sonne nicht durch ihre Hitze und ihren blendenden Glanz lästig werde, dafür war durch überall herabhängende Vorhänge gesorgt worden.

Auf dem schon erwähnten Bild *Prozession auf dem Markusplatz* von Bellini sind die Pferde natürlich auch zu sehen und, was noch reizvoller ist, detailliert die Mosaiken aus dem Jahr 1265 über den Domportalen. Bis auf das ganz linke, das den Markusdom selbst zeigt, sind die anderen nämlich zwischen dem 17. und dem 19. Jahrhundert ersetzt worden. Über dem ersten Portal rechts vom Hauptportal erkennt man bei Bellini eine Seefahrerszene mit einem zweimastigen Segelboot, das auf einen Leuchtturm zuhält. Eine ähnliche Szene zeigt noch heute ein Mosaik in der Capella Zen, wenn man den Dom betritt, gleich rechter Hand: die Ankunft des Heiligen Markus in Alexandria. Beide Abbildungen gehören zu den frühesten Zeugnissen der Gepflogenheiten venezianischer Seefahrt. Deutlich zu sehen ist das zu der Zeit übliche dreieckige Lateinersegel, das an einem schrägen Mast befestigt war.

Und wo befand sich der Hafen? Ursprünglich war das Hafenbecken dort, wo heute die Piazzetta ist, doch dieses wurde 1177 mit Baubeginn des erweiterten steinernen Dogenpalastes zugeschüttet. Eine frühe Stadtansicht von 1486 des Utrechters Erhard Reuwich in der Biblioteca Marciana zeigt, wie ihn die Stadt empfing. Kleine, schlanke Lastboote, wie Gondeln im Stehen berudert, steuern auf die Piazzetta zu oder ankern vor ihr. Andere haben an einer hölzernen Pier, die vor dem Dogenpalast weit in den Bacino San Marco reicht, angelandet. Dort liegt eine große Kogge, andere Frachtschiffe ankern frei. Segel werden eingeholt, Warenballen verladen. Eines der Schiffe sticht gerade wieder in See; Reuwich zeigt detailliert die Mechanik des Steuerruders am Heck, die damals eine technische Neuerung war. Vor dem Arsenal liegt ein Riesenrumpf auf Dock. Und dahinter ducken sich die Hütten und Häuser der Arbeiter.

Auch auf der anderen Seite des Bacino San Marco liegen bei Reuwich Schiffe. Hier befindet sich die Dogana da Mar, die Zollstelle. Ein von der Proportion ähnlicher Turm wie der heutige Bau aus dem Jahr 1677 wachte schon zu Reuwichs Zeiten über das Bacino di San Marco. Der Dogana schließen sich die *saloni* an, die Salzspeicher, denn seit dem 4. Jahrhundert war aus der Lagune gewonnenes Salz ein wichtiges venezianisches Handelsgut; erst Ende des 19. Jahrhunderts ließ die Stadt die Salinen auf. Im Jahr 1830 wurde der Komplex zwar mit einer klassizistischen Fassade verblendet, die Raumstruktur jedoch weitgehend belassen. Einige der Hallen nutzt heute einer der großen Ruderclubs, in den anderen finden Ausstellungen statt. Ein Besuch lohnt schon wegen des räumlichen Eindrucks – bis zu 450 000 Zentner Salz wurden in den neun Hallen gelagert.

An dieser Stelle beginnt die Südflanke der Stadt: Der Zattere, ein breites Ufer, benannt nach den Flößen, die hier anlandeten und der Stadt das Holz aus den Staatsforsten entlang des Piave brachten. Um den Kai herum entstand ein geschäftiges Zentrum aus Werkstätten, Werften, Lagern und Ziegelbrennereien. Die Gebäude des mittelalterlichen Venedigs waren aus Holz oder Ziegeln errichtet: Doch die Holzbauten fielen den zahlreichen Feuersbrünsten zum Opfer, und alte Backsteinfassaden muß man suchen. Der einzige Speicher, der seinen ursprünglichen Charakter gewahrt hat, ist der Deposito del Megio, *megio* heißt Hirse, ein im 15. Jahrhundert errichteter Ziegelbau mit kleinen vergitterten Fenstern. Er diente als staatliches Kornlager und liegt am Canal Grande schräg gegenüber vom Anleger San Marcuola. Speicher waren aber in Venedig immer die Ausnahme; normalerweise befanden sich die Warenlager in den Palazzi, den Wohnhäusern der Kaufleute.

Man kann sich die Palazzi am Canal Grande unter vielen Gesichtspunkten ansehen: Wo wohnten berühmte Menschen? Wo spielten sich die blutrünstigsten Geschichten ab? Welche sind die prächtigsten? Welche sind die ältesten? Wer sich mit der gemächlichen Vaporettolinie 1 auf die Suche nach den ganz frühen Häusern macht, vervollständigt sein Bild des mittelalterlichen Venedigs. Allerdings finden sich nur noch wenige Bauten, die ihr schlichtes mittelalterliches, venezianisch-byzantinisches Aussehen bewahrt haben: Ein Kennzeichen sind die hohen, schmalen Portale und Polyfore, die Arkadenfenster, das andere die Zweigeschossigkeit. Doch im Laufe der Zeit wurden die meisten Palazzi aufgestockt.

Eines der ältesten Häuser und das schönste Beispiel seiner Zeit ist die Ca' da Mosto aus dem 13. Jahrhundert. Im Jahr 1432 wurde hier Alvise da Mosto geboren, der im Dienste der Portugiesen Gambia entdeckte und erforschte. Diesen kleinen verwitterten Palazzo findet man vom Bahnhof kommend links, einige Häuser hinter dem Anleger Ca' d'Oro. Die Ca' da Mosto fällt durch ein asymmetrisches, dreiteiliges Arkadentor auf, dessen Bögen sehr unterschiedlich in Höhe und Breite sind. Anmutig die schmalen Bögen des *piano nobile*, darüber reliefierte Schmuckplatten.

Als besonders gut erhaltene, aber vielleicht auch zu stark renovierte Beispiele gelten immer wieder die Ca' Loredan und die benachbarte Ca' Farsetti, gleich links hinter der Rialtobrücke, wieder vom Bahnhof kommend (links oder rechts kann man beim Canal Grande – einem ehemaligen Brenta-Arm – wie bei anderen Flüssen in Fließrichtung angeben: von Piazzale Roma nach San Marco). Als diese beiden Palazzi gebaut wurden, war die Rialtobrücke noch eine zweigeteilte, hölzerne Zugbrücke, die sich für die hohen Masten der durchgleitenden Segelschiffe öffnen ließ. Am rechten Ufer, am Anleger San Silvestro, steht die Ca' Barzizza und zwei Häuser weiter die Ca' Businello, beide typisch für den veneto-byzantinischen Stil. Verwittert wie sie sind, nimmt man ihnen ihr Alter gern ab. Das gilt auch für die kleine Ca' Donà della Madonnetta mit ihren über die ganze Fassade reichenden Polyforen, wiederum ein paar Häuser weiter.

Auch der im Jahr 1225 von der Familie Pesaro gebaute Fondaco dei Turchi direkt neben dem Deposito del Megio gehört eigentlich dazu, zweigeschossig geblieben und zudem das einzige erhaltene Beispiel, bei dem der Mitteltrakt durch zwei erhöhte, turmähnliche Seitentrakte, *torreselli*, umfaßt wird. Der Fondaco wurde allerdings 1869 umgebaut und die Fassade erneuert. Doch nicht nur deswegen zeigt die orientalische Fassade nicht das Bild des mittelalterlichen Venedigs – türkische Kaufleute residierten hier erst ab 1621. Genau umgekehrt verhält es sich mit dem Fondaco dei Tedeschi, der Niederlassung der Deutschen, links direkt vor der Rialtobrücke. Den deutschen Händlern wurde bereits 1228 eine Niederlassung zugestanden. Der Bau aus dem 13. Jahrhundert brannte jedoch im Jahr 1505 ab, und heute steht hier ein Renaissancebau. Leben und Intrigen rund um diesen Fondaco und Venedigs enge Beziehungen zu Nürnberg im 17. Jahrhundert schildert Ingeborg Bayer (*1927) in ihrem Roman *Die Stadt der tausend Augen* spannend und anschaulich.

Zurück zu dem Sieg in Konstantinopel im Jahr 1204. Gold, Edelsteine und andere Schätze mehrten unmittelbar den Reichtum Venedigs. Doch vor allem war dieser Sieg der Auftakt für die Ausdehnung der Republik und ihren kommenden Handelserfolg. Der Doge nannte sich nun »Herr von drei Achteln des Römischen Reiches«: Venedig kontrollierte große Teile der Adria. Allerdings nicht unbestritten; insbesondere Genua war laufend auf der Suche nach Verbündeten und führte an verschiedenen Fronten Krieg gegen die Republik. Im Jahr 1381 versetzten die Venezianer schließlich den Genuesen den entscheidenden Schlag. Nun beherrschten sie für ein gutes weiteres Jahrhundert die Geschäfte im östlichen Mittelmeer, mithin den damaligen Weltmarkt: die hier liegenden Handelsplätze waren das Tor nach Asien. Marco Polos (1254–1324) Reiseerinnerungen *Il Milione* eröffnen eine Vorstellung der venezianischen Handelsgepflogenheiten.

Die Kaufleute Nicolao und Maffeo Polo, Vater und Onkel Marco Polos, drangen Mitte des 13. Jahrhunderts bis in das Mongolenreich des Kublai Khan, Enkel des Dschingis Khan, vor. Über die Jahre wurden sie Gesandte des Khans, und als sie 1270 zu weiteren Reisen aufbrechen, darf der sechzehnjährige Marco sie begleiten:

Wahrhaftig, erst kurze Zeit war verflossen, seit Marco [...] sich am Hof des Großkhans aufhielt, da war er schon vertraut mit den Sitten der Tataren, mit ihrer Sprache und mit ihrem Schrifttum; er konnte vier Sprachen lesen und schreiben. Er war gescheit und verständig. Der Großkhan erkannte seine Bega-

bung und schätzte seine Fähigkeiten. Voll Vertrauen in seine Klugheit, schickt der Großkhan Marco als Gesandten in eine sechs Reisemonate entfernte Provinz. [...]
Nach Abschluß seiner Gesandtschaft geht Marco zur Berichterstattung zum Großkhan. Er erzählt derart anschaulich über alles, was er gesehen und erlebt hat auf seiner Reise, daß der Großkhan und alle Zuhörer erstaunt zueinander sagen: »Wenn dieser gewandte Jüngling ein hohes Alter erreicht, wird er ein außergewöhnlich tüchtiger und weiser Mann sein.« Was soll ich dazu noch sagen?

Erst im Jahr 1298 kehren Marco Polo, sein Vater und sein Onkel nach Venedig zurück. Bald darauf wird Marco im Krieg gegen die Genueser gefangengenommen, und »als er zusammen mit Messer Rusticiaus von Pisa im selben Gefängnis zu Genua saß, bat er diesen, alles aufzuschreiben, was er ihm erzählte«. Marco Polo und sein Chronist Rustichello hauen in *Il Milione* von Beginn an mächtig auf die Pauke:

Jeder Leser und jeder Zuhörer darf Vertrauen haben: Das Buch handelt nur von wahren Begebenheiten. Denn ihr müßt wissen, seit der Erschaffung unseres Urvaters Adam gab es keinen Christen, keinen Heiden, weder einen Tataren noch einen Inder, keinen einzigen Menschen irgendwelcher Herkunft, der so viel wußte und erforschte und der über eine solche Fülle von Merkwürdigkeiten Bescheid weiß, wie Messer Marco Polo allein. Aus diesem Grunde war er selbst der Meinung, es wäre unverzeihlich, wenn er nicht die phantastischen Erlebnisse – seine eigenen und die glaubwürdig erzählten – schriftlich festhalte, damit durch dieses Buch jeder Unkundige daran teilnehmen könne.

Marco Polos Bericht führt, grob umrissen, durch das Tatarenreich bis nach China und über Indien wieder zurück. Welche der aufgeführten Stationen Marco Polo tatsächlich aufgesucht hat, ist bis heute Gegenstand wissenschaftlicher Dispute. Wenn man sich jedoch ansieht, wie beispielsweise in Venedig, aber auch in anderen großen Handelsstützpunkten das Wissen über die Welt – oder richtiger: über die Ökumene, die bekannte bewohnte Welt – zusammenlief und zusammengetragen wurde, so stellt sich die Frage, was Marco Polo selbst gesehen hat und wo er sich auf »glaubwürdige« Berichte stützt, eigentlich nicht. Festzuhalten ist ja gerade – und auch Marco Polo macht daraus keinen Hehl –, daß nicht nur Reiseberichte, sondern auch Karten, eben alles, was man über die Welt wußte, von Überlieferungen lebte. Der eine oder andere Missionar war in Asien oder Afrika weit in unbekannte Gebiete vorgedrungen. Kaufleute und Seefahrer hingegen waren keine Forschungsreisenden, sondern bedienten feste Routen. Der Handel war ein Streckengeschäft, bei dem jeder Kaufmann jeweils nur seinen eigenen Abschnitt kannte, den weiteren Verlauf der Handelsrouten aber nur noch vom Hörensagen. Aus diesen Erzählungen entstanden Itineraren und Karten, die durch immer neue Berichte laufend überarbeitet wurden. Gleichzeitig kolportierten sie auch so manche Fabel von Auflage zu Auflage.

Ab dem 14. Jahrhundert gab es sehr genaue Seekarten; neben den Mallorquinern waren die Venezianer führend in der Herstellung. Diese sogenannten Portolane waren großformatige Karten auf Tierhäuten, die den auf das Nötigste reduzierten Verlauf der Küstenlinie zeigten. Häfen und Landmarken waren landeinwärts quer zur Küstenlinie verzeichnet, Untiefen und andere Gefahren wurden an Ort und Stelle eingetragen. Die Meeresfläche und der Raum vor der Küste blieben ansonsten von Beschriftungen frei, damit der Benutzer die Karte individuell ergänzen konnte. Ein Liniennetz, das die Orte miteinander verband, gab Kurs und Entfernung an. Mit einem Kompaß, den die Chinesen zwar schon im ersten Jahrtausend erfunden hatten, der aber im Mittelmeerraum – über die Araber – erst zu Beginn des 14. Jahrhunderts

Verbreitung fand, setzte der Steuermann die Angaben um. Eine Koppeltafel half ihm, seinen gekreuzten Zickzackkurs wieder auf einen geraden Kurs zurückzuführen. Mit diesen drei neuen Werkzeugen konnte auch bei schlechtem Wetter gesegelt werden. Solange dies ausschließlich auf Sicht möglich war, hatten die Venezianer die Levante wegen der unsicheren Wetterverhältnisse nur einmal im Jahr erreichen können; jetzt waren zwei Touren die Regel – die verbesserte Navigation hatte das Handelsvolumen verdoppelt.

Portolane sind die praktische Form – genau und maßstabgerecht –, in der sich das Wissen über die Ökumene spiegelt. Daneben entstehen in Klöstern Weltkarten, *mappae mundi*, gemalt von Mönchen, die sich einerseits – soweit sie ihnen überhaupt bekannt sind – auf die weltlichen Erkenntnisse beziehen, andererseits einen theologischen Zweck verfolgen, ein christliches Welt*bild* zeigen wollen.

Wir erkennen Europa, Asien und Afrika, Berge, Flüsse, Land und am Rand das Meer. Städte werden als Burgen, Türme oder Zelte gezeichnet. Die Topographie entspricht Schilderungen der Bibel oder anderer von der Kirche anerkannter Überlieferungen. Tiere und Sagengestalten spezifizieren eine Gegend ebensogut wie geographische Besonderheiten. Genauigkeit und Kenntnisse in unserem heutigen Sinn waren nicht ihr vorrangiger Zweck.

Die letzte Darstellung dieser Art stammt von Fra Mauro, einem venezianischen Mönch, der sein Leben hinter den Klostermauern des ehemaligen Kamaldulenser-Konvents auf San Michele verbrachte, über dessen Leben man aber sonst nicht viel weiß. Heute hängt seine Karte, die einen Durchmesser von fast zwei Metern hat, in der Biblioteca Marciana. Sie ist eine der wichtigsten – und zugleich realistischsten – Weltkarten dieser Art.

Der australische Autor James Cowan (*1942) hatte die reizvolle Idee, ein fiktives Tagebuch zu schreiben, *Der Traum des Kartenmachers*, in dem Fra Mauro die Entstehung seiner *mappa mundi* dokumentiert. In der Einleitung erzählt Cowan, wie er das Tagebuch im Museum der armenischen Benediktinerkongregation auf der Insel San Lazzaro »fand«. Das Kloster verfügt tatsächlich nicht nur über eine spektakuläre Bibliothek, sondern beherbergt auch eine umfangreiche Sammlung: Seit Anfang des 17. Jahrhunderts ist das Kloster die ideelle Heimstatt der mehrfach in alle Himmelsrichtungen vertriebenen Armenier. Und bald wurde es Usus, daß sie diesem Zentrum des armenischen Lebens Schätze und Kuriositäten aus aller Welt zukommen ließen:

Das Museum im Obergeschoß des Hauptgebäudes rühmt sich einer altägyptischen Mumie, eines Behälters mit biblischem Manna, einer Sammlung alter Holzschnitzereien vom Berg Athos, einer buddhistischen Gebetsrolle, die ein armenischer Handelsreisender aus irgendeinem Tempel in Madras mitgebracht hatte, und eines kleinen Arsenals historischer Waffen. [...]. Ich selbst war in der Hoffnung gekommen, ich könnte hier eventuell auf eine Handvoll unbekannter Briefe Lord Byrons, ein Notizbuch oder sonstige Aufzeichnungen von seiner Hand stoßen. Diese Hoffnung war vergebens, aber meine Enttäuschung darüber wurde zum Teil doch gemildert, als ich statt dessen über die Abschrift eines Tagebuchs stolperte, das von einem Venezianer aus dem sechzehnten Jahrhundert stammte, einem Mönch mit Namen Fra Mauro.

Cowan legt die Lebensdaten des Fra Mauro ins 16. Jahrhundert, tatsächlich lebte er aber in der ersten Hälfte des 15. Jahrhunderts. Cowan vergleicht Fra Mauros Unterfangen explizit mit der Entdeckung Amerikas. Doch Kolumbus kam 1451 zur Welt, als Fra Mauro gerade an seiner Karte arbeitete, und als jener gut dreißig Jahre später Amerika entdeckte, war Fra Mauro längst tot. Redet man über Kolumbus, dann redet man über die beginnende Neuzeit. Fra Mauros Karte aber gibt letzte Einblicke in eine – wenn auch sehr aufgeklärte – mittelalterliche Weltsicht. Der schöne Einfall mit dem Tagebuch, die hier imaginierte Authentizität, wird durch den freien Umgang mit den Fakten gestört, wenn nicht zerstört. Und doch läßt der Roman die Arbeitssituation Fra Mauros atmosphärisch dicht und reich an skurrilen Geschichten vor dem inneren Auge erstehen:

Seit längerem schon drängt es mich, eine Erfahrung in Worte zu fassen, die mich in den vergangenen Jahren fast ausschließlich beschäftigt hat. Ich will gar nicht erst das Knistern von Pergamentbogen beschwören oder den Geruch, der von alten Landkarten ausgeht, wünschte jedoch, meine Worte könnten etwas von meiner ganzen Hingabe an solche Dinge widerspiegeln. Ich möchte von einer Entdeckungsreise berichten, auf die ich mich begeben habe, von einer Reise über alle bekannten Grenzen hinaus, die mehr über unsere Möglichkeiten aussagt als über die bekannte Welt nüchterner Tatsachen. [...]
Jeder Bericht eines Seefahrers, sei er auch noch so nebensächlich, jede Reisebeschreibung, sei sie noch so trocken, war mir willkommen. Ich lebte buchstäblich von den Beobachtungen anderer, seitdem ich die Beschäftigung mit Mathematik und Physik aufgegeben und mich statt dessen jener Welt zugewandt habe, der sie sich auf ihren Fahrten tagtäglich ausgesetzt sahen.

Fra Mauro, gelehrt in Mathematik und Physik, verstand sich auch als Kartenmacher als Wissenschaftler und nicht als Weltbildner im theologischen Sinne. Abweichend von anderen Klosterkarten ist Jerusalem auf Mauros Werk dort, wo es hingehört, und nicht durch Verzerrung der Proportionen der übrigen Welt in die Mitte gebracht. Die Karte ist nicht geostet, sondern, wie die Karten der arabischen Handelspartner der Venezianer, gesüdet. Eine Süd-Nord-Achse leuchtet dem Kartographen ein, weil er die Gestalt der Erde kennt. Fra Mauro war Ptolemäer, wie Notizen auf seiner Karte belegen, in denen er Ptolemäus teils bestätigt, teils korrigiert.

Claudius Ptolemäus (etwa 85–160) aus Alexandria faßte den wissenschaftlichen Stand seiner Zeit in seinem *Großen astronomischen System* zusammen: die Erde als Mittelpunkt der Welt, umkreist von Sonne, Mond und Planeten. Daß die Erde eine Kugel ist, unterstellt er in seinem System. Er erstellte einen Atlas der Fixsterne, tabellierte die Längen- und Breitengrade von über 8000 Orten und zeichnete das dazugehörige Kartenmaterial. Im Jahr 827 veranlaßte der Kalif Al-Malum die Übersetzung des Werkes ins Arabische: *Kitab al-magisti.* Kaiser Friedrich Barbarossa (1122–1190) wiederum ließ es im Verlauf der Kreuzzüge ins Lateinische übersetzen.

Die katholischen Kirche bestand im »finsteren« Mittelalter nicht, wie heute oft behauptet, auf der Lehre, die Erde sei eine Scheibe. Was die Form der Erde anging, so herrschte über Jahrhunderte – im Unterschied zu ihrem Verhältnis zur Sonne – eine weit verbreitete wissenschaftliche Gleichgültigkeit. Theologisch wiederum war für die Ausmalung der Hölle das Bild einer Scheibe ganz nützlich. Doch die, für die diese Frage von nautischer oder wissenschaftlicher Bedeutung war – und damit allen voran die Venezianer –, kannten ihren Ptolemäus und begaben sich damit nicht in Widerspruch zu ihrem Glaubenbekenntnis.

Wirklich bemerkenswert an Fra Mauros Weltsicht ist, daß er den Seeweg nach Indien kartographisch vorwegnimmt – Vasco da Gama umsegelte erst 1498 das Kap der Guten Hoffnung, und diese Südspitze Afrikas, auch wenn die afrikanische Küste dazwischen teilweise noch etwas improvisiert ist, verzeichnet seine Karte bereits. Die Portugiesen waren redlich bemüht, ihre Kenntnisse der afrikanischen Westküste, an deren Erforschung der schon erwähnte Venezianer Alvise da Mosto maßgeblich beteiligt war, zu verheimlichen. Die »Stille Post« im Spannungsfeld zwischen richtig vernommen, unvollständig wiedergegeben und beliebig ausgeschmückt, hat das Ergebnis der Afrika-Exkursionen jedoch bis zu Fra Mauro getragen. Und wahrscheinlich konnte er sich auf eine zweite Quelle stützen: den Venezianer Nicolò da Conti. Dieser Kaufmann war auf seinen Reisen einer erstaunlichen Gestalt begegnet und vielleicht sogar sein Begleiter gewesen: San Bao, die Überlieferung kennt ihn als Sindbad, den Seefahrer. Unter dem Namen Zheng Ho war er Admiral der kaiserlich-chinesischen Flotte. Zwischen 1421 und 1430 führte er zwei riesige Expeditionen die afrikanische Ostküste entlang – über fünfzig Schiffe und knapp 30 000 Mann Besatzung –, daß er die Südspitze erreicht hat, ist nicht auszuschließen. Die Chinesen verstanden es nicht, dieses Wissen zu nutzen. Als er zurückkam, herrschte Krieg; das Ende der Ming-Dynastie war auch das Ende der chinesischen Seemacht. Doch die Kunde seiner Reisen dürfte Fra Mauros Vorstellung von Afrika präzisiert haben.

Nach den Entdeckungen von Kolumbus und Vasco da Gama wurde die Welt größer. Venedig war an ihrer Eroberung nicht beteiligt, und die zunehmend von den Türken bedrohte Herrschaft im Mittelmeer reichte nicht mehr aus, um in der ersten Liga der Staaten mitzuspielen. Häufig heißt es, die Stadt zehrte ab diesem Zeitpunkt nur noch vom Reichtum der Vergangenheit. Doch das ist nicht richtig. Auch im 16., 17. und sogar im 18. Jahrhundert war Venedig ein wichtiges Handelszentrum. Nach wie vor liefen zahlreiche Schiffe Venedig an; die Menge der umgeschlagenen Waren nahm zeitweise sogar zu. Sie wurde nur immer weniger und unbedeutender im Verhältnis zu dem, was auf einem wachsenden Weltmarkt umgesetzt wurde.

→ Hier bin ich ein Herr, daheim ein Schmarotzer

Vier Maler: Dürer, Giorgione, Lotto und Veronese

Fresko von Giulio da Campagnola, Scuola dei Carmini (Padua) – »Heiliger Sebastian« von Andrea Mantegna, Ca' d'Oro – »Venedig 1500« von Jacopo de' Barbari, Museo Correr – »Das Gewitter« von Giorgione, Gallerie dell'Accademia – Campo San Barnabà – »Porträt eines jungen Adligen« von Lorenzo Lotto, Gallerie dell'Accademia – Zattere – I Carmini – San Sebastiano – »Das Gastmahl im Hause Levi« von Paolo Veronese, Gallerie dell'Accademia

Ernst und schmalgesichtig blickt ein Mann aus einem Fresko Giulio da Campagnolas (1482–1515/18) in der Scuola dei Carmini in Padua. Ein vertrautes, oft gesehenes Gesicht. Dürer? Dürer! Das wallende rote Haar, das ihm auf seinen beiden bekanntesten Selbstbildnissen von 1498 und 1500 über die Schultern fällt, unter einer Samtkappe verborgen. Campagnola, der der Nachwelt vor allem in Erinnerung blieb, weil er die Werke seines Freundes Giorgione (1478–1510) in Kupferstichen verbreitete, lernte Dürer wahrscheinlich in Venedig kennen.

Albrecht Dürer besuchte die Lagunenstadt zweimal, 1494 und 1505. Das zweite Mal blieb er über ein Jahr. Während der ersten Reise hielt er viele seiner Stationen in Skizzen und Aquarellen fest, von Venedig existiert jedoch keine Ansicht. Während seines zweiten Aufenthalts malte er für den Altar der deutschen Gemeinde in der Kirche San Bartolomeo *Das Rosenkranzfest*. Doch Kaiser Rudolf II. kaufte im Jahr 1610 das Gemälde, und heute hängt es im Prager Nationalmuseum. Da von Dürer keine Stadtansicht Venedigs über-

← **Blick auf den Sprengel San Barnabà: hier kam Gustaw Herling 1946 einige Monate im Palazzo einer seltsamen Contessa unter**

liefert ist – vielleicht auch nie existiert hat – und in der Stadt die greifbare Spur fehlt, werden die anderen, aber aufschlußreichen Zeugnisse selten erwähnt und abgebildet; die enge Bindung Dürers an Venedig und seine venezianischen Kollegen oft unterschlagen.

Während seines ersten Besuchs war Dürer fasziniert von den Kleidern und Haaren der Venezianerinnen und fertigte akribische Skizzen an. Auf einer läßt er sein Modell sogar den Rock heben, damit das Muster des Untergewandes deutlich wird, auf einem anderen verzichtet er auf Kopf und Büste und wirft auch den Rock nur flüchtig hin, um die Aufmerksamkeit des Betrachters auf das Pantöffelchen zu lenken, aus dem das Mädchen gerade geschlüpft ist. Auf einer anderen Zeichnung stellt er einer Venezianerin, deren Haarsträhnen sich aus einem Schleier leichtester Gaze lösen – die Schultern frei, und der Busen scheint aus dem Ausschnitt zu lupfen –, vergleichend eine Nürnbergerin zur Seite. Ihr Haar ist fest unter einer Haube verborgen, das Kleid ist nicht hochgeschlossen, aber es fehlt jede Frivolität. Andere Blätter zeigen orientalische Kaufleute und Bogenschützen, und als weitere venezianische Kuriosität sind die Tuschezeichnung eines Hummers und das Aquarell einer Krabbe im Werkskatalog verzeichnet. Als Dürer zum zweiten Mal in Venedig eintrifft, kommt er nicht als Reisender, sondern zum Arbeiten. Sein Freund Willibald Pirckheimer (1470–1530), der in Padua und Pavia studiert hatte, schoß ihm die Reisekosten vor, und den ersten Unterhalt erhofft Dürer aus dem Verkauf einiger Bilder und Stiche zu bestreiten, die er mitgebracht hat. Zehn Briefe, die der Maler an seinen Freund schrieb, sind erhalten. In ihnen schildert Dürer, wie es ihm in der Fremde erging. Es sind witzige und charmante Briefe, deren besonderer Reiz in comicartigen Illustrationen besteht. Da springt ein Hund durch die Zeilen, und an anderer Stelle, als er sich über üble Witze aufregt, die in Nürnberg über ihn erzählt wurden und von denen Pirckheimer ihm wohl geschrieben hatte, kritzelt er dazu ein Männchen, dem die Locken wie Korkenzieher vom Kopf abstehen.

Im Mittelpunkt der Korrespondenz stehen Geld und Geschäfte. Gleich im ersten Brief vom 6. Januar 1506 läßt Dürer seinen Freund wissen, daß ihn die deutschen Kaufleute aus dem Fondaco beauftragt haben, eine Tafel zu malen: »davon geben sie mir hundert und zehen Gulden rheinsch, dorauf geht nit 5 fl Kostung« (dafür geben sie mir hundertzehn rheinische Gulden, davon sind keine 5 Gulden Materialkosten). Im gleichen Brief teilt er seinem Freund auch mit, daß er ihn enttäuschen muß. Pirckheimer hatte Dürer beauftragt, allerlei Kostbarkeiten für ihn zu besorgen:

Item als Ihr mir verzeichnet hant, etlich Perlen und Schtein zu kaufen, send [sollt] Ihr wissen, daß ich nix Guts oder sein Gelds wert kann bekummen, es ist alls von den Dewczschen aufgschnappt. Die auf der Riv [Riva degli Schiavoni] umgant, die wöllen denn allbeg 4 Geld [das Vierfache] doran gewinnen, wann sie sind die untreuesten Leut, die do leben. [...] Dorum etlich ander gut Gesellen haben geseit, ich soll mich vor ihn hüten, sie bescheißen Viech und Leut, man kauf zu Franckfürt besser Ding zu geringen Geld, denn zu Fenedich.

Im zweiten Brief berichtet Dürer dann auch von der Künstler- und Malergemeinde, auf die er gestoßen ist. Er schreibt von angenehmen Gesellen, aber auch von Plagiatoren und Neidern. Unter den Malern scheint der Wettbewerb so groß gewesen zu sein, daß er sogar gewarnt wird, mit diesen zu essen oder zu trinken, um nicht vergiftet zu werden. Er schreibt auch von Reaktionen auf sein Werk und kommentiert die Arbeiten anderer:

Auch sind mir ihr viel feind und machen mein Ding [kopieren meine Werke] in Kirchen ab und wo sie es mügen bekummen. Noch [nachher] schelten sie es und sagen, es sei nit antigisch Art [nicht im Stil der Antike], dorum sei es nit gut. Aber Sambelling [Giovanni Bellini] der hätt mich vor viel Czentillomen [*gentiluo-*

mi, Edelleute] fast sehr gelobt. Er wollt geren etwas von mir haben und ist selber zu mir kummen und hat mich gebeten, ich sollt ihm etwas machen, er wolls wohl zahlen. Und sagen mir die Leut alle, wie es so ein frummer Mann sei, daß ich ihn gleich günstig bin. Er ist sehr alt und ist noch der Best im Gemol [in der Malerei]. Und das Ding [Werk], das mir vor eilf Johren so wohl hat gefallen, das gefällt mir itz nüt mehr. Und wenn ichs nit selbs sech [gesehen hätte], so hätt ichs keim anderen gelaubt. Auch laß ich Euch wissen, daß viel besser Moler hie sind weder daußen Meister Jacob ist. Aber Anthoni Kolb schwör ein Eid, es lebte keim bessrer Moler auf Erden denn Jacob. Die anderen spotten sein, sprechen: wär er gut, so belieb er hie etc.

Dürer traf auf drei Künstlergenerationen. Die Vertreter der ältesten waren die Brüder Gentile (um 1429–1507) und Giovanni Bellini (um 1430–1516), beide über siebzig Jahre alt, aber in ihrer gemeinsamen Werkstätte noch aktiv, und ihr Schwager Andrea Mantegna (1431–1506), dessen Einfluß in der Stadt noch gegenwärtig war. Doch die Ehrschätzung gegenüber dieser Generation schwindet, auch Dürer urteilt über die Werke seiner Vorbilder jetzt selbstbewußter als mit Anfang Zwanzig. Von den Arbeiten Mantegnas war er nach wie vor angetan und hätte den Künstler gerne noch einmal gesehen, doch dieser starb, bevor Dürer ihn auf der Rückreise in Mantua besuchen konnte. Das wahrscheinlich letzte Werk Mantegnas, eines seiner drei Bildnisse des Heiligen Sebastian, kann man in der Ca' d'Oro besichtigen. Den Mund vor Qualen geöffnet und der Blick verzweifelt, nicht duldend, zum Himmel gerichtet – so zeigt der Maler individualisiertes Leid: mehr Porträt als Allegorie. Damit stand Mantegna den Auffassungen der jüngsten Generation näher als seine Schwäger.

Der ebenfalls betagte Bildhauer Pietro Lombardo (1435–1515) hatte seine Werkstatt an seine Söhne Tullio und Antonio übergeben, die wie Vittore Carpaccio und Cima da Conegliano, die »Ziehsöhne« Giovanni Bellinis, bereits aufs fünfzigste Lebensjahr zugingen und die man als die mittlere Generation bezeichnen kann. Dazwischen stand noch Meister Jacob, Jacopo de' Barbari (um 1450–1515), der schon auf die Sechzig zuging. Der Nürnberger Kaufmann Anthoni Kolb verlegte seit dem Jahr 1500 die Drucke seines großformatigen Holzschnitts, eine beeindruckende Stadtansicht Venedigs, von denen einer im Foyer des Museo Correr hängt.

Dürer selbst war Mitte Dreißig, Giorgione (1477/78–1510) nur wenige Jahre jünger. Von Tizian (†1576) wurde lange angenommen, er sei ebenfalls 1477 geboren, doch seit einigen Jahren wird sein Geburtsdatum eher um 1490 vermutet, so daß er 1506 die Bühne wohl noch nicht oder soeben betreten hatte.

Für Dürer war das künstlerische Klima der Stadt eine Befreiung, und das wahrscheinlich in doppelter Hinsicht. »Hie bin ich ein Herr, doheim ein Schmarotzer«, schreibt er im Oktober und erklärt Pirckheimer damit, warum sich seine Rückkehr immer weiter hinausschiebt. Seine Einschätzung bezieht sich nicht einfach darauf, daß er in Nürnberg keine Auftraggeber gehabt hätte – Dürer hatte schon in diesen Jahren einen Namen und auch ein bescheidenes Auskommen. Doch die Altäre und christlichen Illustrationen waren nicht annähernd so gut bezahlt wie die Angebote, die er in Venedig erhielt. Auch sein Interesse an Fragen der Perspektive, seine Begeisterung für die Landschaftsmalerei, seine ausgeprägte Beschäftigung mit dem eigenen Bildnis und der menschlichen Proportion – wovon etliche Selbstporträts zeugen, darunter ein Akt –, aber auch das Interesse am individuellen Porträt anderer, all diese Leidenschaften fanden in Nürnberg keine Anerkennung. Das war in Venedig anders, auch wenn er hier als erstes wieder ein Altarbild malte: Er traf auf verwandte Seelen, die sich in ähnlichem Aufbruch befanden wie er, und auf einen Markt, der an dieser Malerei Gefallen fand. Das war das Entscheidende. Ein elitärer Zirkel venezianischer Kaufleute und Nobili fand ihren Zeitvertreib darin, sich Kunstsammlungen zuzulegen und um deren Vortrefflichkeit zu konkurrieren. Diese Sammler waren universal gebildet und hatten gerade die Antike für sich entdeckt (daher die Beschwerde, Dürers Bilder seien nicht »antigisch« genug). Sie schmückten die Prunk- und Privaträume ihrer Palazzi »per volere goder de loro«, um sich selbst daran zu freuen, wie es ein Kunstagent 1510 nennt. Und da diese Werke weder dem Lob Gottes noch dem Lob der Republik dienen sollten, stand den Künstlern plötzlich die Landschaftsmalerei frei, bisher kein eigenständiges Sujet, sondern allenfalls Kulisse. Der Kontext der antiken Götterwelt ermöglichte erotische Nacktheit, und ebenso für die Porträts dieser Auftraggeber galten neue Maßstäbe, sie sollten das Individuum und nicht das Amt repräsentieren. Phantasie und Kreativität des Künstlers, aber auch Experimente in Form und Farbe bestimmen diese für die Salons entstandenen Arbeiten. Auf längere Sicht wirkt sich die neue Freiheit, wie man beispielsweise an Tizians Gemälden sieht, selbst auf die religiöse Darstellung aus. Für Dürer, der bisher nur sich, seine Familie und gute Freunde nach seiner Vorstellung porträtiert hatte, hieß das, daß er jetzt individuelle Porträts als Auftragsarbeit anfertigen konnte. Es hieß auch, daß er Anregung fand in seiner Untersuchung der Perspektive und der Proportionen, in Fragen der Farbe und des Lichts, und daß er selbst seine Erkenntnisse weitergeben konnte.

Einer der ersten, die der berechenbaren Welt der Werkstätten einer Familie Bellini oder Lombardo den Rücken kehrten – und damit dem handwerklichen Selbstverständnis der Kunst – und freischaffender Künstler für diesen neuen Markt wurden, war Giorgione. Er wagte einen Schritt, der für viele in Armut endete, denn hier zählte nicht mehr Kunstfertigkeit, sondern Originalität, ein Erfolgskriterium, das der Mode unterworfen war und ist. Giorgiones Erfolg war dieser Prüfung nicht ausgesetzt, er starb 1510 mit nur 32 Jahren an der Pest, als sein Stern weithin leuchtete.

Sein Œuvre ist klein und zudem in vielen Fällen in der Urheberschaft umstritten. Zu den Bildern, die ihm zweifelsfrei zugeschrieben werden, gehört *La tempesta* – »Das Gewitter« –, das in den Gallerie dell'Accademia im Saal 5 hängt. Man nimmt an, daß es zwischen 1505 und seinem Tod entstand. Nicht nur Leben, Zuschreibung und Datierung warfen bei Giorgione immer wieder Fragen auf, sondern vor allem die Interpretation dieses Bildes gab Generationen von Kunsthistorikern zu Spekulationen Anlaß und machten es zu Venedigs geheimnisvollstem, vielleicht auch berühmtestem Gemälde:

Vor dem Hintergrund einer Stadt, die etwas von der Unwirklichkeit geträumter Architektur hat, sehen wir mitten auf einem Feld zur Rechten eine unbekleidete Frau (durch einen Busch verliert ihr nackter Leib ein wenig von seiner Leuchtkraft), die mit einer gewissen sinnlichen Trauer und ohne auf ihre Umgebung zu achten ihr Kind stillt, während der Szene auf der linken Seite ein nach der zeitgenössischen Mode gekleideter Mann mit einem Wanderstock in der Hand beiwohnt, der wie ein Eindringling wirkt, in vergangenen Tagen aber die intime Nähe, vielleicht sogar die Gunst jener Frau genossen haben könnte. Wir wissen nicht, ob die Frau adelig ist oder aus dem Volk stammt (das unverhüllte Fleisch macht alle gleich), wir wissen nicht, ob der Mann auf sie aufpaßt, sie insgeheim beobachtet oder einfach nur spazierengeht, aber wir wissen, da die Landschaft es nahelegt, daß über ihnen die Schmach der Sprachlosigkeit schwebt, das Stigma eines Schweigens, beredter vielleicht als Vorwürfe oder Entschuldigungen. Zu ihren Füßen fließt unter einer hölzernen Brücke ein rauschender Bach, und aus dem Unkraut wachsen wie Symbole zerstörter Liebe einige Ruinen und ein paar Bäume hervor, die schwanken und sich biegen, gezaust von einem Wind, der einen Wetterumschwung ankündigt; wir sehen einen finsteren Himmel, der das Bild beherrscht, bedeckt von schweren Wolken, zwischen denen sich, überraschend wie eine Narbe, plötzlich ein Blitz zeigt, der den Auftakt zum Sturm bildet, einem Sturm, überwältigend wie die Erinnerung an eine Sünde oder die Beharrlichkeit eines Gefühls, von dem nur Asche blieb.

So beschreibt Juan Manuel de Pradas Ich-Erzähler Alejandro Ballesteros in *Trügerisches Licht der Nacht* das Bild. Ballesteros hat jahrelang an einer Promotion über die Deutung des Gemäldes gearbeitet und jetzt, da diese abgeschlossen ist, möchte er den Gegenstand seiner Studien in Augenschein nehmen.

Eben jenes Bild aus der Sammlung des Gabriele Vendramin erwähnte auch schon Marcantonio Michiel (1484–1552), der zu dem Kreis der neuen Kunstsammler zählte, in seinen zwischen 1525 und 1543 herausgegeben *Notizen zur Malerei der ersten Hälfte des 16. Jahrhunderts*: »Die kleine Landschaft mit dem Gewitter, der Zigeunerin und dem Soldaten« – das dürften die Worte Vendramins sein, in dessen Auftrag Giorgione das Bild malte. Warum also an seiner Deutung zweifeln? Die Nachwelt sah in ihr keinen Sinn. Was für eine Zigeunerin, was für ein Soldat? So wurde in der Folge nahezu jedes Paar seit Adam und Eva in das Gemälde hineininterpretiert, wobei sich die griechische Götterwelt als besonders ergiebig erwies.

In dieser Welt der Deutungen also hatte Ballesteros die letzten Jahre gelebt. Jetzt in Venedig hat ihn die Gegenwart wieder. Gleich in der ersten Nacht beobachtet er, wie ein angeschossener Mann aus einem Palazzo in einen Kanal fällt. Der Krimi erweist sich als Kunstgriff, um immer tiefer in die Interpretationen von Giorgiones Gewitter einzudringen.

Ihrem Temperament entsprechend vertreten die Protagonisten des Romans die unterschiedlichsten Auffassungen zu dem Gemälde, letztlich treffen Weltanschauungen aufeinander. So ist der streitbare Direktor der Gallerie dell'Accademia Gabetti zwar beeindruckt von der Arbeit Ballesteros', hält aber den Ansatz für verkehrt:

Suchen Sie in seinem Werk weder nach Symbolen noch nach mystischen Anspielungen oder nach komplizierten mythologischen Zusammenhängen: Selbst bei Auftragsarbeiten läßt er seinen Gefühlen freien Lauf, und das bringt ihn in die Nähe unserer eigenen Gefühlswelt. Was Sie und eine ganze Reihe anderer Kenner des Bildes als Geheimnis bezeichnen, ist nichts weiter als die Gestaltwerdung eines Gefühls. Kompliziert, zusammenhanglos, unpräzise, wenn Sie so wollen sogar unerklärlich ... aber gibt es etwa Gefühle, die sich erklären lassen? *La tempesta*, lassen Sie es sich gesagt sein, stellt einen Gemütszustand dar, ein leidenschaftliches Gefühl der Seele, die mit der Landschaft eins wird. Giorgione war der erste Romantiker und wahrscheinlich auch der letzte, denn alles, was nach ihm kam, war nichts weiter als ein Haufen Großmäuler.

Gambettis sensible Tochter Chiara wiederum, sieht in dem Bild eine Allegorie für die unsichere Lage ihrer Heimatstadt:

Genau wie in Venedig kommen auch auf *La tempesta* die Naturgewalten nicht zum Ausbruch, das Leben hängt an einem seidenen Faden und trotzt allen physikalischen Gesetzen, und dieses unmittelbar Bevorstehende, das nicht zum Abschluß kommt, löst Beklemmung und Unruhe in uns aus.

Es ist ein Vergnügen, auf den Spuren Ballesteros' Giorgione und Venedig zu erforschen oder durch die Augen Chiaras – einer Restauratorin – Leben und Werk Tintorettos (1518–1594) zu entdecken und sich dabei in den Strudel einer Kunstfälschung hineinziehen zu lassen.

Bei de Prada steht die kriminalistische Seite der Fälschung nicht im Vordergrund, sie ist es aber, die die Geschichte vorantreibt. In Gustaw Herlings (1919–2000) Erzählung »Das venezianische Porträt« geht es ebenfalls um ein gefälschtes Gemälde, doch den Verfasser interessiert nicht die Aufklärung des Verbrechens. Statt dessen nähert er sich Schicht um Schicht dem Grauen, das zu dieser Fälschung führte.

Der Pole Gustaw Herling floh 1939 vor Hitler nach Italien und lebte die längste Zeit seines Lebens in Neapel, wo er bis 1990 unter anderem Korrespondent der polnischen Zeitschrift *Kultura* war. Herling ist ein Kenner Italiens, ein scharfer Beobachter, der präzise formuliert und raffiniert erzählt: Seine Reflexionen über die neue Heimat lassen sich in seinem *Tagebuch bei Nacht geschrieben* nachlesen. In dem Band *Das venezianische Porträt* sind Erzählungen versammelt, die das Thema Italien freier variieren, doch auch hier schöpft er unmittelbar aus eigenen Erlebnissen. In der Titelgeschichte schildert er eine Reise nach Venedig im April 1946 im Auftrag der Alliierten. Als Zeitvertreib für die Zugfahrt erstand er bei einem Antiquitätenhändler ein »riesiges *Album di ritratti*«, eine Kunstgeschichte des Porträts. Die Lektüre fasziniert ihn, ein Maler hat es ihm besonders angetan:

Lorenzo Lotto! Der Name des großen, lange vergessenen venezianischen Malers und wichtigsten Porträtisten ist nun gefallen. Ich schreibe ihn mit gewissem Zögern nieder. Wird mir der Leser glauben – und es liegt mir sehr viel daran –, daß ich gleich zu Beginn meiner Reise (und meiner Erzählung) auf die im *Venezianischen Porträt* so wichtige Spur gestoßen bin? [...]

Die im *Porträtalbum* gemachten Angaben über den Künstler, die sich aus maßgeblichen Zitaten zusammensetzten, offenbarten das Leben eines ewigen Pechvogels. Lotto wurde gegen Ende des 15. Jahrhunderts in Venedig geboren. Erst das ausgehende 19. und unser Jahrhundert erkannten in ihm endlich den Künstler, der manchmal seine Zeitgenossen – Tizian, Michelangelo, Raffael und Dürer – überflügelte, obwohl er im Laufe seines langen Lebens kaum beachtet und von den Kunstmäzenen und

Kunstkennern stets unterschätzt wurde. Er malte viel, blieb aber erfolglos; auf der ständigen Suche nach wenigstens bescheidenen Aufträgen wanderte er rastlos umher. [...] In Zeitzeugnissen ist die Rede von »seelischen Abgründen« und »religiöser Unruhe«, was den Verdacht auf ihn lenkte, er könnte heimlich den Lutheranern zugeneigt sein. [...] Bernard Berenson schrieb zwanzig Jahre nach Erscheinen des *Porträtalbums* eine große Monographie über Lotto. Ich zitiere daraus den Satz: »Es ist keinem Künstler, weder vor Lorenzo Lotto noch nach ihm, jemals gelungen, im Gesicht des Modells einen so bedeutenden Teil seines Innenlebens festzuhalten.«

Herlings Interesse für den unglücklichen Sohn der Stadt ist geweckt. Doch erst einmal muß er sich in Venedig einrichten. Die Amerikaner quartieren Herling in der Calle Lunga San Barnabà in dem heruntergekommenen Haus einer venezianischen Gräfin ein. Wahrscheinlich war ihre Familie schon lange verarmt, denn im Sprengel San Barnabà fanden zu Zeiten der Republik Adelige, die ihr Vermögen verloren hatten, auf Staatskosten Unterschlupf. Die *barnabotti*, wie man sie nannte, waren ein eigener Stand: mittellos, aber aus guter Familie. Herlings Contessa ist abweisend, das Zimmer schäbig.

Erschöpft sank ich auf das Bett. Als ich erwachte, war es bereits zehn Uhr, und ich war hungrig. Über den dunklen Durchlaß ging ich auf die Straße – zum *Campo* war es nicht weit. Die Bar neben der Kirche war noch geöffnet, aber leer (in Venedig ist vor der Sommersaison zehn Uhr eine sehr späte Stunde). Ich ging in das Hinterzimmer, wo es noch etwas Kaltes zu essen gab und eine Flasche Wein. Der Wirt ließ die Rollos vor der Eingangstür herab, knipste das Licht in der Bar aus und setzte sich zu mir. Er wußte schon, daß ich bei der Contessa Wohnung genommen hatte.

Auf dem Campo San Barnabà im Dorsoduro hat sich seitdem nicht viel geändert. Was Herling über das Nachtleben schreibt, trifft immer noch zu. Und neben der Kirche findet sich nach wie vor eine Bar. Dieser Campo ist einer der wenigen Plätze, deren eine Seite durch einen Kanal begrenzt wird; sich hier neben der Kirche mit Blick auf das Wasser niederzulassen ist besonders reizvoll.

Ein paar Tage später besucht Herling die Gallerie dell'Accademia, vom Campo San Barnabà nur ein Katzensprung.

Als ich die Akademie betrat, wußte ich, was ich vor allem suchte. Zerstreut betrachtete ich die Gemälde in den ersten Sälen, blickte in die Seitenkabinette und dachte schon, es sei alles vergeblich, als ich in der Ecke der Sammlung venezianischer Meister meine Zimmerwirtin entdeckte. Sie kopierte ein Porträt von Lorenzo Lotto, *Giovane nel suo studio,* und war so in ihre Arbeit vertieft, daß sie gar nicht merkte, wie sie von hinten beobachtet und ihre präzise Pinselführung auf der Leinwand, die in ihren Ausmaßen dem Original entsprach, eifrig verfolgt wurde. Ach, Lotto! Die linke Hand, die in einem Buch blätterte, bildete einen wundervollen Kontrapunkt zu dem ziemlich asketischen, glatt frisierten Kopf, der die Bezeichnung *Giovane* im Titel des Porträts nicht rechtfertigte. Der Jüngling hatte seine Jugend eigentlich schon hinter sich gelassen.

Das beschriebene Porträt Lottos hängt im Saal 7 und ist tatsächlich ein bemerkenswertes und außergewöhnliches Abbild: Expressiv das blasse Gesicht, sprechend die Utensilien, das Buch, das Tintenfaß, die Briefe und die Rosenblätter, die den jungen Mann umgeben. Am wichtigsten für den Ausdruck und seine Haltung ist aber ein ganz anderes Detail – seine Hände. Erst im 16. Jahrhundert wurde es üblich, die Hände mit ins Bild zu nehmen und damit dem Porträt mehr Lebendigkeit zu geben.

Herling verliebt sich in die alleinstehende Contessa, doch die hat ihr Herz an ihren Sohn Alvise verloren – dessen Fotos, die überall im Haus stehen, einen engelsgleichen Knaben zeigen. Alvise ist noch nicht aus dem Krieg heimgekehrt. Als er sich endlich ankündigt, beendet dies Herlings Venedig-Aufenthalt, seine Wirtin braucht das Zimmer. Bei seiner Abreise begegnet er dem Sohn auf der Treppe, das ehemals sanfte und hübsche Gesicht ist hart und grausam. Einige Monate später liest Herling in der Zeitung, Alvise sei auf offener Straße erschossen worden. Ein Akt der Vergeltung, denn der »Engel« war Mitglied einer besonders brutalen Häschereinheit der faschistischen Republik Salò gewesen.

Die Faszination für Lotto läßt Herling im Dezember 1956 abermals nach Venedig reisen. Im Dogenpalast wird eine große Lotto-Retrospektive gezeigt. Das Wiedersehen mit Venedig und die Erinnerung an seine erste Frau, mit der er in der gleichen Unterkunft, der Pensione Seguso (dem sogenannten Ruskin House) an dem Zattere vor Jahren einige Nächte verbrachte, wühlen ihn so auf, daß er nicht schlafen kann. Statt dessen läuft er durch das nächtliche Venedig:

Die Nacht war klar, kühl und windstill. Am Himmel flimmerten blaß die Sterne, und der dunkle Kanal kräuselte sich leicht wie Samt. Kurz vor Morgengrauen fiel unerwartet ein Nebelschleier auf die Stadt nieder, der so dicht und besitzergreifend war, daß Venedig innerhalb einer Viertelstunde darin verschwand und völlig unsichtbar wurde, so unsichtbar, daß einen Zweifel überkamen, ob es eben noch existiert hatte. Schiffssirenen heulten auf, und an den Anlegestellen durchbohrten rasch hervorgeholte Laternen und Fackeln die Nebelwand wie Dolche. Der Nebel hielt sich, abgesehen von seltenen und kurzen Aufhellungen, während der ganzen Zeit meines Aufenthaltes. Aber was für Aufhellungen! Venedig verwandelte sich in eine Reihe frischer und rasch hingeworfener Gemälde. Porträts der Passanten tauchte auf, um sogleich wieder zu verschwinden. Ja, Porträts. Erst jetzt nämlich – gleichsam in Vorbereitung auf die Lotto-Ausstellung – war es uns gegeben, in den menschlichen Gesichtern die angeborene, verräterische Fähigkeit, »für Porträts zu posieren«, zu erkennen. Jeder von uns ist ein lebendiges Porträt, insbesondere wenn er für einen Augenblick aus dem Nebel auftaucht; solche Augenblicke sind die Substanz der großen Porträtisten.

In der Ausstellung trifft er die Contessa, die wie von einem Wahn überschattet wirkt. Doch wirklich erschrocken ist er, als er ein Doppelporträt entdeckt, das Lotto im Jahr 1555 gemalt haben soll, aus dem ihm aber der sanfte und der grausame Alvise entgegenblicken.

Die Erzählung lebt von der genauen Zeichnung ihrer Charaktere und dem scharfen Blick hinter die mühsam aufrechterhaltene, längst brüchige Fassade einer venezianischen Familie. Und Herling resümiert: »In gewisser Hinsicht war diese Geschichte wirklich eine moderne Version der *Aspern Papers*, der venezianischen Erzählung Henry James'.«

Henry James (1843–1916) schreibt in *Asperns Nachlaß* über den Versuch eines jungen Literaturwissenschaftlers, an die Briefe eines berühmten und längst verstorbenen Dichters heranzukommen. Dabei wird er Zeuge der Lebenslüge von der ehemaligen Geliebten des Dichters. Das alles spielt sich jedoch abgeschottet hinter hohen Mauern eines Palazzos ab und ist – im Unterschied zu Herlings »*Venezianischem Porträt*« – nur am Rande eine »venezianische Erzählung«.

Nach der Lektüre Herlings hat man das Bedürfnis, wenn schon keine Retrospektive, dann doch zumindest noch das eine oder andere Werk Lottos zu sehen. Seine Porträts sind leider in alle Winde verstreut. Gleich um die Ecke von Herlings Unterkunft bei der Contessa, in der Chiesa Santa Maria del Carmelo, kurz *I Carmini*, am Campo Santa Margherita, läßt sich zumindest eines seiner geistlichen Werke betrachten: die Himmelfahrt des Heiligen Nikolaus, beobachtet von Johannes dem Täufer und der Heiligen Lucia. Sprechend auch hier ein makabres Detail: Neben der Märtyrerin steht eine Schale, aus der zwei Augen hervorschauen – ihr waren die Augen herausgerissen worden; die Jungfrau Maria gab ihr neue. Doch das Reizvollste an diesem Bild ist die anmutige Landschaft, über der die Heiligen schweben. Nicht Schmuck, sondern eine eigenständige Komposition, die starke Gemeinsamkeiten mit den Landschaften Dürers und Giorgiones aufweist.

Geht man die Calle Lunga San Barnabà über den Rio dell'Avogaria bis zum Rio di San Sebastiano durch, begegnet man in der Kirche San Sebastiano dem Frühwerk eines Malers aus dem 16. Jahrhundert, dessen weitere Werke man in der Stadt nicht lange suchen muß: Paolo Veronese (1528–1588). Veronese, der eigentlich Paolo Caliari hieß, verließ 1553 seine Geburtsstadt Verona und kam nach Venedig, wo er es schnell zu Ansehen brachte. Er malte Altarbilder für die Kirchen San Francesco della Vigna, San Polo, San Zulian, Deckenbilder für Santi Giovanni e Paolo und eine Reihe von Fresken und Gemälden für den Dogenpalast. Die Gestaltung der Empore, der Decke, des Altars und der Sakristei von San Sebastiano war als Auftrag ein besonderer Glücksfall, weil Veronese hier die Möglichkeit einer geschlossenen Gesamtdarstellung hatte. Die klare Architektur des Renaissancebaumeisters Scarpagnino ist eine gute Projektionsfläche für Veroneses Raumillusionen. Heiterkeit, nicht Andacht zeichnen Veroneses Werke aus, farbenfroh, licht und großzügig. Spielerische Details liegen ihm näher als dramatische Gesten. Die Gemälde der Decke des Kirchenschiffs zeigen Szenen aus dem Buch Esther, die Seiten des Hauptchores und die nur auf Anfrage zugängliche Empore schmücken Szenen der Sebastianslegende. Selbst diese grausame Geschichte lebt bei Veronese von der Weite des Raums und den Details des Volkstreibens rund um die Märtyrerdarstellung. In Saal 10 der Gallerie dell'Accademia hängt Veroneses berühmtes Bild *Das Gastmahl im Hause Levi*, das ursprünglich *Das letzte Abendmahl* hieß. Hans Magnus Enzensberger (*1929) widmet diesem Gemälde einen Gesang seines Versepos *Der Untergang der Titanic*, einer satirischen europäischen Kulturgeschichte:

I

Als ich mein *Letztes Abendmahl* beendet hatte,
fünfeinhalb mal knapp dreizehn Meter,
eine Heidenarbeit, aber ganz gut bezahlt,
kamen die üblichen Fragen.
Was haben diese Ausländer zu bedeuten
mit ihren Hellebarden? Wie Ketzer
sind sie gekleidet, oder wie Deutsche.
Finden Sie es wohl schicklich,
dem Heiligen Lukas
einen Zahnstocher in die Hand zu geben?
Wer hat Sie dazu angestiftet,
Mohren, Säufer und Clowns
an den Tisch Unseres Herrn zu laden?
Was soll dieser Zwerg mit dem Papagei,
was soll der schnüffelnde Hund,
und warum blutet der Mameluck aus der Nase?
Meine Herrn, sprach ich, dies alles
habe ich frei erfunden zu meinem Vergnügen.
Aber die Sieben Richter der Heiligen Inquisition
raschelten mit ihren roten Roben
und murmelten: Überzeugt uns nicht.

II

Oh, ich habe bessere Bilder gemalt;
aber jener Himmel zeigt Farben,

die ihr auf keinem Himmel findet,
der nicht von mir gemalt ist;
und es gefallen mir diese Köche
mit ihren riesigen Metzgersmessern,
diese Leute mit Diademen, mit Reiherbüschen,
pelzverbrämten, gezaddelten Hauben
und perlenbestickten Turbanen;
auch jene Vermummten gehören dazu,
die auf die entferntesten Dächer
meiner Alabaster-Paläste geklettert sind
und sich über die höchsten Brüstungen beugen.
Wonach sie Ausschau halten,
das weiß ich nicht. Aber weder euch
noch den Heiligen schenken sie einen Blick.

III
Wie oft soll ich es euch noch sagen!
Es gibt keine Kunst ohne das Vergnügen.
Das gilt auch für die endlosen Kreuzigungen,
Sintfluten und Bethlehemitischen Kindermorde,
die ihr, ich weiß nicht warum,
bei mir bestellt.
Als die Seufzer der Kritiker,
die Spitzfindigkeiten der Inquisitoren
und die Schnüffeleien der Schriftgelehrten
mir endlich zu dumm wurden,
taufte ich das *Letzte Abendmahl* um
und nannte es
Ein Dîner bei Herrn Levi.

Die Dominikanermönche der Kirche Santi Giovanni e Paolo, im Volksmund San Zanipolo, hatten 1573 dieses Bild bei Veronese für ihr Refektorium in Auftrag gegeben. Der Abt war mit dem Resultat zufrieden, nicht jedoch seine Herren in Rom. Veroneses Verhältnis zu seinen christlichen Themen hatte sich nicht verändert, doch Form und Inhalt seiner Werke gründeten auf dem weltlichen Klima, das Dürer knapp siebzig Jahre vorher in der Stadt angetroffen hatte. Nun forderte die Gegenreformation ihren Preis. Lotto sah sich dem Verdacht ausgesetzt, Lutheraner zu sein. Veronese fand sich vor einem Gericht der Inquisition, weil er biblische Szenen nicht mit dem gebotenen Ernst darstellte. Die Prozeßakten sind erhalten, und so weiß man, daß Veronese auf seine Darstellung pochte: »Wir Maler nehmen uns dieselben Freiheiten, die sich die Dichter und die Narren nehmen ..., wenn im Bild zuviel Platz ist, fülle ich ihn mit Figuren aus.« Das glimpfliche Ende – mit einer Umbenennung des Bildes war die Angelegenheit aus der Welt geschafft – ist ein venezianisches Ende. So hart der Rat der Zehn, der venezianische Geheimdienst, gegen Bürger vorging, die im Verdacht standen, gegen die Belange der Republik zu verstoßen, so relativ war der Einfluß des Papstes und seiner Organe in der Lagunenstadt.

→ »Hoè, come semo?«

ERKUNDUNGEN ZU WASSER UND EIN EXKURS ÜBER DAS JÜDISCHE LEBEN IN VENEDIG

Bacino Orseolo – San Tomà – San Marcuola – Regata Storica – Voga Longa – Canale di Cannaregio – Linea 1 – Campo Bandiera e Moro – San Giovanni in Bragora – Spazio Legno di Saverio Pastor, Calle del Pestrin – Kreuzgang von Santo Stefano – Ghetto Novo – Ghetto Vecchio – Jüdischer Friedhof auf San Nicolò/Lido

Theodor Fontane, mit fast siebzig Jahren abgeklärt und spöttisch, schrieb 1888 an seinen Freund, den Amtsgerichtsrat Georg Friedlaender:

Es ist, als ob die Götter unser nach eignem Plan zurecht gelegtes Glück nicht wollen, sie werfen uns dann und wann eine süße Frucht in den Schooß und haben nichts dagegen (im Gegentheil) daß sie uns schmeckt, aber so wie wir das Glück zwingen oder auch nur mit Hülfe von Baedecker uns etappenmäßig ausrechnen wollen, in Innsbruck *dies* Glück und in Verona *das* und in Venedig ein stupendes drittes in einer Gondel oder Nicht-Gondel, – so darf man sicher sein, daß alles kläglich scheitert. Wie viel Thränen junger Frauen sind schon auf dem Marcusplatz vergossen worden und kaum eine dieser Frauen die nicht wenigstens (auch wenn sie blos im Hôtel war) auf der Seufzerbrücke gestanden hätte. Und das sind dann die berühmten Hochzeitsreisen, die, nach der Berechnung des Bräutigams, direkt in den Himmel führen sollten.

In diesen Jahren begann es, daß die Gondel oder auch die einfacheren Ruderboote wie die *mascareta*, ein leichtes Boot für zwei Ruderer mit einem eckigen Heck, oder der *sandolo*, der von einem

Ruderer mit überkreuzten Rudern vorwärtsgetrieben wurde – alle diese Boote werden im Stehen und mit dem Gesicht nach vorne gerudert –, als normales venezianisches Transportmittel abgelöst wurde. Im Juni 1881 fährt der erste Wasserbus, ein Dampfschiff, *vaporetto*, durch den Canal Grande. Die Gondolieri erkennen schnell, was diese Entwicklung für ihren Stand bedeutet, und die Presse unterstützt sie. In der *Gazzetta di Venezia* ist in den nächsten Wochen viel zu lesen vom Untergang »della poesia della gondola«, aber auch von den Gefahren der nun drohenden Bugwellen für die Gebäude längs der Kanäle. Im Herbst des gleichen Jahres versuchen die Gondolieri gewaltsam, den Fortschritt aufzuhalten, und versperren mit Eisenketten den Canal Grande. Doch vergebens, für den öffentlichen Verkehr wird ihr Angebot in den kommenden Jahrzehnten immer bedeutungsloser, so werden sie stundenweise – es gab Zeiten, da gehörte ein Gondoliere zum Hausstand der besseren Familien, und auch die Reisenden des 18. und 19. Jahrhunderts verpflichteten ihren Gondoliere meistens für die Dauer ihres Aufenthaltes – zu Dienstleistern des »erzwungenen Glücks«. 1883 läßt Johann Strauß in *Eine Nacht in Venedig* Caramello locken: »Komm in die Gondel, mein Liebchen!« Seitdem liegt Zuckerwatte über den Kanälen. Nicht, daß die Gondeln und die Liebe nicht zusammengehörten – im Gegenteil –, doch ursprünglich handfester. Der Schriftsteller und Historiker Johann Wilhelm von Archenholtz (1745–1812) umriß in seinen Reisebeschreibungen die diesbezügliche Funktion der Gondoliere:

Diese Leute sind unentbehrlich, wenn man mit Sicherheit verliebten Abentheuern nachgehen will. Ohne ihre Hülfe ist Meuchelmord oft die Folge einer Galanterie. Da sie alle Krümmungen und Winkel der Kanäle und Straßen kennen, so erleichtern sie

← **Fast das ganze Jahr trainieren die »canottieri«, die Ruderer, in der Weite der Lagune für eine der vielen Regatten**

die Flucht und decken die Retraite im Nothfall. Viele unterhalten geheime Verständnisse mit den Gouvernanten und Kammermädchen, und verschaffen Strickleiter und falsche Schlüssel.

Glückliche Umstände können es auch heute fügen, daß eine Gondelfahrt die Erwartungen erfüllt. Zumindest die Wahl der Route hat man in der Hand. Die meisten Gondelstandplätze befinden sich rund um die Piazza San Marco. Der größte ist der sehenswerte Gondelparkplatz Bacino Orseolo; in den kleineren Kanälen rund um diesen Ausgangspunkt überwiegt das Las-Vegas-Feeling, kreuzt man doch laufend andere Gondelkonvois und quert ausgerechnet die Gassen, in denen sich Souvenirladen an Souvenirladen reiht. Auch im dichten, motorisierten Verkehr des Canal Grande stellt sich keine Romantik ein. Es gibt jedoch zwei Standplätze am Canal Grande, San Tomà in San Polo und San Marcuola in Cannaregio – beides auch Anleger des *traghetto*, der Gondelfähre –, von denen es möglich ist, in abgelegenere Gefilde vorzudringen. Was man entdeckt, ist selbst bei sonnigem Wetter nicht immer lieblich. Viele Kanäle sind eng und schattig, dunkel ragen die Fassaden in den Himmel. Wasserüberspülte, algengrüne Treppen führen zu nur noch selten genutzten, angemoderten Portalen. Doch dann eine Kanalkreuzung oder Schleife, und plötzlich fällt das Licht auf die Mauern, blitzt im Wasser durch das barocke Geländer einer Brücke. Gärten, von denen man landseits nichts ahnt, ziehen vorbei. Der Blick fällt in Werkstätten von Schreinern, Steinmetzen und Schiffsmechanikern – auch drei Gondelwerften gibt es noch – und in die Lagerhallen von Baugewerbe und Elektrohandel. Ab und an öffnet sich der Kanal zu einem der wenigen Campi mit Kanalseite: eine Kirche, ein Brunnen, Bänke und ein paar rachitische Bäume.

Wenn sie uns fragten, was die vorherrschende Farbe Venedigs sei, würden wir sagen: ein welkes Rosa, und doch können wir uns, wenn es darauf ankommt, nicht erinnern, dieser zarten Farbe oft begegnet zu sein. Es scheint ein feines, schwebendes, luftiges, wäßriges Rosa; das helle Licht des Meeres scheint darin zu flimmern, und es verbindet sich mit dem fahlen Grün von Lagune und Kanal. Es gibt in Venedig in der Tat viel rohes Backsteinmauerwerk, das nie von frischer oder lauter Farbe ist, vielmehr stets lange gebrannt, stets von ausgesuchter Zurückhaltung. [...]

Die Gondel bewegt sich langsam; sie macht einen großen, sanften Bogen, gleitet unter einer Brücke durch, und der Ruf des Gondoliere hallt über das ruhige Wasser, dringt in die Stille. Über die kleine Brücke, die sich wie ein Kamelhöcker wölbt, geht ein Mädchen; um den Kopf hat sie ein verblichenes Tuch gebunden, das ihr bestens steht – du siehst sie gegen den Himmel, während du unten hindurchtreibst. Das Rosa des alten Gemäuers erfüllt den ganzen Ort, es senkt sich sogar ins dunkle Wasser.

Abseits der großen Kanäle und in den ruhigeren Sestieri kann man diese von Henry James 1882 in *Portraits of Places* beschriebene Stimmung noch finden. Will man sicher sein, daß das Vergnügen am Ende nicht getrübt wird, sollte man die Route mit dem Stadtplan in der Hand im Vorfeld gemeinsam aussuchen und sich über den Preis verständigen. Dessen Festsetzung unterliegt nicht der Willkür der Gondolieri, sondern je nach Tageszeit, Personenanzahl und Dauer gibt es fixe Tarife, die an jedem Gondelanleger auch einsehbar sind. Die Preise sind kein Nepp, sie unterscheiden sich nicht wesentlich von den Taxitarifen europäischer Städte. Und genau wie im Taxigeschäft sind die Investitionen nicht unerheblich. Die Lizenz muß gezahlt werden, und eine Gondel kostet etwa 30 000 Euro, hinzu kommt die Wartung; außerdem ist das Gewerbe ein Saisongeschäft. Über Tarife, Lizenzen, Verteilung der Liegeplätze und den turnusmäßigen Traghettodienst – den keiner freiwillig ausüben würde, weil es bei diesem Fährdienst nichts zu verdienen gibt – wacht eine Standesorganisation, die auch eine Sozial- und Alterskasse verwaltet. Der englische Schriftsteller Timothy Holme (1928–1987) läßt seinen Serienhelden Archille Peroni in dem Roman *Das venezianische Begräbnis* in diesem Mikrokosmos wegen illegaler Wettgeschäfte ermitteln. Unterstützt wird Peroni von seinem Kollegen Dottor Muso. Die zwei sind auf der ziemlich hoffnungslosen Suche nach einem Tonino – um die Zwanzig, Nachname unbekannt:

»Gibt es hier an der Station irgendwelche Gondolieri namens Tonino?« fragte Muso.
»Zwei.«
»Und wo sind die?«
»Einer ist tot.«
»Wenn er tot ist, kann er nicht zu dieser Station hier gehören.«
»Oh doch, sein Boot wird nämlich im Namen seiner Witwe von einem Ersatzmann gerudert. Deshalb gehört Tonino noch zur Kooperative, bis seine Witwe stirbt.«
»Und der andere?« sagte Muso ungeduldig.
»Tonino!« rief der große Gondoliere. »Hier ist jemand von der *Questura*, der dich sprechen will.«
Ein verhutzelter, kleiner Gondoliere mit knorrigen Händen und einem ledernen, fast schwarzen Gesicht tauchte aus einer kleinen Hütte unweit der Anlegestelle auf. »Ja?« sagte er, und er hörte sich so an, als wäre er bei einem gemütlichen Gläschen gestört worden. [...]

Unverdrossen fragen sich die beiden von Anleger zu Anleger durch:

Muso blickte über das schimmernde Wasser des Canal Grande und konnte einen Moment lang sein Glück kaum fassen. Am Heck einer Gondel stehend, ruderte ein Gondoliere auf die Vertäupfähle zu, ein Tonino, eindeutig jung und gutaussehend.
»Name?« fragte er, als der Gondoliere seine Kunden hatte aussteigen lassen.

»Pasquetti, Tonino«, sagte der Gondoliere mit beunruhigtem Blick.

»Und wo waren Sie gestern abend?«

»In Padua.«

»In Padua?« Was hatte ein Gondoliere in der Hochsaison in Padua zu suchen? »Ich nehme an«, ironisch, »Sie können das beweisen?«

»Natürlich kann er das«, sagte der dicke Gondoliere, »und ich auch – *und* mehrere hundert andere Leute, die auf unserem Konzert in Padua waren.«

»Konzert?« wiederholte Muso, frustriert und verdutzt.

»Genau«, sagte Tonino Pasquetti, »ich bin Tenor im Gondolieri-Sängerchor.«

Man sieht, die Gondolieri üben nicht einfach nur einen Beruf aus, sondern ihre Aktivitäten bestimmen zahlreiche Aspekte des sozialen und kulturellen Lebens der Stadt. Die meisten Gondolieri stammen aus angesehenen Familien, deren Söhne seit Generationen Gondoliere sind, viele mit so großer Leidenschaft, daß sie auch in ihrer Freizeit die Bootsplanken nicht verlassen und auf speziellen Regattabooten für einen der vielen Wettkämpfe trainieren, deren spektakulärster die *regata storica* am ersten Sonntag im September ist. Peroni wird an der Ponte dei Scalzi Zeuge eines besonders spannenden Rennens:

Kurz vor der Wendestange war Tonino wieder auf einer Höhe mit Abracadabra, und es sah so aus, als könnte er sogar in Führung gehen, wenn sie den Canal Grande wieder hinaufruderten. Es gab nur eine Möglichkeit, das zu verhindern, so erkannte Abracadabra, und zwar die, plötzlich nach innen zu steuern, mit dem Bug des anderen Bootes zusammenzustoßen und so den freien Raum zwischen ihm und der Wendestange zu schließen. Damit hätte er gleich zwei Fliegen mit einer Klappe geschlagen,

denn er selbst würde einen hilfreichen Schub nach vorne bekommen, und Tonino würde stoppen müssen und wichtige Sekunden dabei verlieren, wieder auf Kurs zu kommen.
Abracadabra schwenkte nach links, und gleichzeitig, als hätte er dieses Manöver vorausgeahnt, beschleunigte Tonino sein Boot, um vor dem Zusammenstoß durchzukommen. Beide ruderten sie, bis es schien, als müßte das Buchenholz ihrer Ruder unter der Anspannung zersplittern.
Während sich sein *gondolino* unerbittlich weiter nach innen schob, sah Abracadabra mit Befriedigung, daß der Raum vor Tonino rasch immer enger wurde; noch rechtzeitig hindurchzukommen war jetzt beinahe unmöglich.
Noch drei Sekunden, so rechnete Abracadabra, und Toninos rasendes Rudern würde nur einen noch stärkeren Vorwärtsschub für sein eigenes Boot bedeuten.
Zwei Sekunden. Das Wasser des Canal Grande schien unter ihren tobenden Rudern zu kochen.
Eine Sekunde. Schon jetzt war die verbliebene Öffnung zu schmal. Doch dann, so unglaublich es auch schien, war Tonino hindurch.

Ein Corso historischer Boote durch den von Zuschauern gesäumten Canal Grande stiehlt allerdings den eigentlichen Wettkämpfen die Schau. Ursprünglicher und reizvoller ist die Stimmung der *voga longa*, eines 30 Kilometer langen Rennens am Sonntag nach Christi Himmelfahrt vom Bacino San Marco nach Burano. Zurück verläuft die Route durch den Canale di Cannaregio und den Canal Grande, das Ziel ist der Ausgangspunkt. Schon Tage vorher kann man am frühen Abend die Mannschaften am Canale di Cannaregio beim Training beobachten. Volksfeste für die Einheimischen sind die Regatten auf Burano und auf Sant'Erasmo, die kurz hintereinander im September und im Oktober stattfinden. Hier mißt der Nachwuchs der Fischer und Gondolieri zum Abschluß der Saison noch einmal seine Kräfte.

Eine hübsche Legende darüber, wie die Gondolieri die Erbfolge dieses Männerstandes sichern, erzählt die Engländerin Jeanette Winterson (*1959) in ihrem Roman *Verlangen*. Bei Vollmond nimmt die schwangere Frau eines Gondoliere auf der Toteninsel Ossario Sant' Ariano Einfluß auf das Geschlecht des Kindes. »Sie hat Opfergaben mitgebracht: eine Flasche Wein, eine Locke vom Haar ihres Mannes und eine Silbermünze. Sie muß ihre Opfergaben auf das Grab legen und, wenn ihr Kind ein Mädchen sein soll, um ein reines Herz, und wenn es ein Junge sein soll, um Bootsmannsfüße beten.« Denn was keiner weiß, weil Gondolieri grundsätzlich ihre Schuhe nicht ausziehen: Sie haben Schwimmhäute zwischen den Zehen. Der magische kleine Roman beginnt mit Villanelles Geburt Ende des 18. Jahrhunderts. Einer leichten Geburt, und doch fällt die Mutter in Ohnmacht, weil sie Schwimmhäute bei dem Mädchen entdeckt. Das Ritual ist schiefgelaufen. Die Hebamme versucht, die Häute wegzuschneiden, verbiegt jedoch nur das Messer. Die Verunstaltung erweist sich als Zeichen. Später fühlt sich Villanelle am wohlsten, wenn sie als Junge verkleidet durch die Stadt streift, und ist ohnehin nicht an einem Ehemann interessiert. Der Karneval und das Casino sind ihr Element. Am Kartentisch verliert Villanelle ihr Herz an eine schöne Spielerin. Es folgen neun Tage des Glücks, dann kehrt der Mann der Geliebten von seiner Reise zurück. Mit dieser Enttäuschung beginnt eine wundersame und poetische Geschichte über die Spielarten unerfüllter Liebe.

Liebe und Gondel sind in Venedig zu Synonymen geworden. Doch was machen Verliebte und Liebende – von Alleinreisenden mal ganz abgesehen –, die es, Fontane im Ohr, nicht auf Romantik um jeden Preis abgesehen haben?

»Ich habe an die Gondeln gedacht. Ich habe mich gefragt, ob wir in unserem Fall nicht gesetzlich verpflichtet wären, eine zu mieten. Gewisse Dinge werden hier sehr genau genommen.«

»Nun«, sagte er, »wir werden einen Strafzettel riskieren müssen. Denn ich habe daran gedacht, dieses Schiff dort zu nehmen.«
Ich schluckte mühsam.
»Dieses Schiff dort ... Mit mir?«
»Mit wem sonst?«
»Aber ich ... Aber wann fährt es ab? Wohin fährt es? Weißt du das?«

Es ist David Ashver Silvera, Reiseleiter in Frutteros & Lucentinis *Liebhaber ohne festen Wohnsitz*, der trotz allerbester Voraussetzungen – die Romanze dauert erst wenige Stunden – den Vaporetto der Gondel vorzieht. Die in Turin lebenden Autoren Franco Lucentini (*1920) und Carlo Fruttero (*1926) sind seit 1948 Freunde, arbeiten seit 1951 als Lektoren, Übersetzer und Journalisten eng zusammen und bezeichnen sich als *ditta*, Firma. Im Jahr 1974 veröffentlichten sie ihren ersten gemeinsamen Roman, *Die Sonntagsfrau*. Wie man das »gemeinsam« verstehen soll, darüber schweigen sich die beiden weitgehend aus. Die »Firma« hat jedenfalls eine Reihe von Erfolgsromanen geschrieben, mit mehr oder weniger kriminalistischem Einschlag. Die Schauplätze in Italien wechseln, sind mit Liebe und Bedacht gewählt: »Ein Liebesroman, der im heutigen Venedig spielt, ist eine völlig unmögliche Sache«, gaben sie zum *Liebhaber ohne festen Wohnsitz* Auskunft. »Venedig ist eine Postkarte, die man nicht mehr benutzen kann. Und gerade deshalb haben wir eine venezianische Liebesgeschichte geschrieben.« Das Experiment ist gelungen. Witzig und ironisch erzählen sie von der kurzen Liebe zwischen einer römischen Principessa und Mr. Silvera. Spannung kommt auf, als die beiden entdecken, daß sie einem gefälschten Bild Pordenones auf der Spur sind.

Mr. Silvera ist ein hochgebildeter und gleichzeitig etwas verschrobener Mensch, von dem die Principessa und der Leser viel lernen können. Außerdem ist er ein überzeugter Anhänger von Vaporettofahrten. Die Principessa läßt sich gern in den Bann dieser venezianischen Fortbewegungsart ziehen, der Leser sollte es ihr gleichtun:

Der Vaporetto hatte sich vom Steg gelöst. Sie sieht die dreigeteilte Fassade des Hotels links vorübergleiten, während der Fahrtwind anfängt, ihr die Haare zu zerzausen, und denkt, daß diese Linie 1, »Piazzale Roma-Lido«, sie in Wirklichkeit sehr weit fortträgt, viel weiter, als irgendein Hafen der Adria oder auch des Ionischen Meers oder der Ägäis entfernt liegt. [...]

Sie lachen beide. Eine Hand auf ihr Haar legend, während der Vaporetto auf das Ufer der Salutekirche zusteuert, zeigt sie mit der anderen nach vorn: »Look, look! ... The Salute, the Dogana, the San Giorgio Maggiore! ... Look, Mr. Silvera!«

»The bacino di San Marco«, verkündet er, als die Linie 1 ihr Zickzack durch den Kanal fortsetzt und sie wieder auf das Schiavoniufer zufährt. Er wendet sich ihr zu, um sie anzusehen, und faßt sie zart am Handgelenk, um ihr die Hand vom Haar zu nehmen.

Entscheidend bei einer Vaporettofahrt ist nicht das »Wohin«. Egal welcher Kurs, die Durchfahrt des Canal Grande mit der Linie 1, oder die Rundumfahrt, nach Westen durch den Canale della Giudecca mit der Linie 82 und nach Osten durch den Canale di Cannaregio, vorbei an den Fondamente Nove, und – zu Zeiten des Romans noch durch das Arsenal – seit 1999 ganz außen herum um Sant'Elena mit der Linie 51/52: eine Vaporettofahrt ist der beste Weg, sich die Eigenheit der Stadt zu erschließen. Man muß allerdings – auch bei Wind und Wetter – draußen auf der Plattform bleiben. So sieht man nicht nur die Stadt von ihrer Wasserseite, man riecht die Lagune und spürt die Gischt. Will man in einer Gegend genauer hinsehen und Neues entdecken, unterbricht man die Fahrt und schlendert rund um den Anleger durch die Gassen:

Sie sind an der Haltestelle am Arsenal ausgestiegen, gehen die stillen, fast verlassenen Kanalstraßen des Rio di S. Martino entlang, dann durch ein Labyrinth von Gäßchen, die sie unversehens wieder zurück zum Campo Bandiera e Moro bringen. Sie bemerkt, daß man in dieser Gegend am Ende immer wieder auf diesen Platz kommt, wenn man den Weg nicht gut kennt. Mr. Silvera übernimmt für einen Augenblick wieder sein Fremdenführeramt, um sie zu informieren, daß dieser Platz einmal della Bragola hieß. Der Name ist dann nur der Kirche geblieben, aber in Bragora abgewandelt.

»Ach ja, San Giovanni in Bragora«, sagt seine Gefährtin. Aber sie wußte das ja genau, sie wußten es beide genau, daß sie, als sie am Arsenal ausstiegen, in die Gegend von S. Giovanni in Bragora kommen würden. Wo, wie schwierig es auch wiederzufinden ist, das Hotelchen liegt, in dem er gestern nach dem Verlassen der Basilissa abgestiegen ist. Sie biegen wieder in die Calle del Pestrin ein, gehen dann noch einmal in Richtung S. Martino.

»Ah, da ist es ja, sehen Sie?« sagt er an der Ecke eines Gäßchens. Das Gäßchen endet in grünlichen Stufen, die zum Wasser eines engen Kanals hinunterführen. Rechts ist ein zerschundenes Haustor mit dem Schild: »Pensione Marin«.

»Da, sehen Sie? Von außen betrachtet ist es ziemlich heruntergekommen, aber innen ist es gar nicht so schlecht ...«, sagt er, während sie eintreten. »Im Aufenthaltsraum gibt es sogar ein Sofa und alte Sessel und ein Regal mit alten Büchern.« [...]

»Und es gibt auch einen Aufzug«, sagt Mr. Silveras Begleiterin mit einer Stimme, von der sie nicht mehr wußte, daß sie sie besitzt. Auf dem Zimmer legt sie die Handtasche aufs Bett und geht zum Fenster, blickt auf den einsamen Kanal hinunter und die zerbröckelnde Mauer gegenüber, die Grasbüschel und die Marmorstücke zwischen den Ziegelsteinen.

»Wirklich gar nicht schlecht«, sagt sie, ohne sich umzudrehen, mit dem Rücken an Mr. Silvera gelehnt, der ihr die Jacke abgenommen hat und ihr jetzt behutsam die Brille absetzt.

Bragola besagt im Venezianischen, daß an diesem Platz Markt abgehalten wurde. Heute nicht mehr. Und doch ist der Campo Bandiera e Moro mit seiner schönen spätgotischen Kirche San Giovanni in Bragora, deren Ursprünge bis ins 8. Jahrhundert reichen, der idyllische Mittelpunkt eines der Subzentren Castellos. Die Krakenarme San Marcos – die *calli,* in denen sich Souvenirladen an Souvenirladen reiht – reichen nicht bis hier, statt dessen finden sie in den umliegenden Gassen Geschäfte des täglichen Bedarfs, hier ein Sortiment Besen vor der Ladentür, da eine Metzgerei und dort ein Kurzwarenladen, in dessen Schaufenster Unterwäsche und Kittelschürzen verbleichen, und zwischendrin die Handwerker. Obwohl Silvera und die Principessa durch die Calle del Pestrin, die Gasse der Milchverkäufer, schlendern, entgeht das Haus 3865 ihrer Aufmerksamkeit, in dem Saverio Pastor seine Werkstätte hat. Er ist einer der letzten *remèri,* Dollenbauer, die die *forcole* für die Gondeln bauen. Der Bau einer Gondel, die aus 224 Teilen aus unterschiedlichen Hölzern zusammengefügt wird, erfordert große Kunstfertigkeit. Und ihr raffiniertester Teil ist die *forcola,* matt schimmernd aus hartem Nußbaumholz, ist sie sozusagen die Gangschaltung des Bootes, ihre Auskehlungen und Einbuchtungen definieren Positionen, in denen das Ruder sicher geführt wird, um abzulegen, vorwärts und rückwärts zu rudern, an engen Stellen zu manövrieren und zu stoppen.

Ein *remèr* mit dem schönen venezianischen Namen Pastor, der zudem in der Calle del Pestrin wohnt und arbeitet – die Häufung der Konsonanten an den Wortenden verpflichtet, wie wir sehen werden –, spricht *venexian,* einen Dialekt, der sich vom Toskanischen, der italienischen Hochsprache, so sehr unterscheidet, daß auch Italiener ihn nicht unbedingt verstehen. Der Wissenschaftler Georg von Martens charakterisiert ihn in seinen 1838 erschienenen Reisebeschreibungen:

Die harte Aussprache des einfachen oder verdoppelten *c* vor *i* und *e,* die häufige Verdoppelung der *r* und *s* wird vermieden, bei den meisten Wörtern der Endvokal [!], oft mehrere Sylben, weggeworfen, und häufig harte Mitlauter gegen weichere vertauscht. [...] Der Venezianer sagt, wie der Spanier, *voler, saver, poder,* wo der Toskaner *volere, sapere, potere* [*wollen, wissen, können*] sagt, *scoltar* für *ascoltare* [*zuhören*], *zontar* für *aggiuntare* [*erreichen*], *sta* für *questa, ojo* für *oglio, el* für *il, descargar* für *scaricare* [*entladen*), *ancuo* für *oggi, céja* für *ciglio* [*Wimper*], *nave* für *vascello* [*Schiff*]. Aber nicht nur in dieser allgemeinen Bildung nähert sich das Venezianische mehr dem Spanischen als dem Toskanischen, sondern selbst in mehreren Wörtern, die beide Sprachen miteinander gemein haben, ohne daß sie im übrigen Italien vorkämen. So nennt der Venezianer wie der Spanier einen flachen untiefen See *laguna*, seine Straße *calle*, seinen Kanal *rio*, während der Toskaner *maremma, contrada, canale* sagt. *Valle* bedeutet in Venedig wie im spanischen Amerika ein ebenes niedriges Land, ohne wie im übrigen Italien den Begriff eines Thals damit zu verbinden.

Martens ist fasziniert von der Weichheit und Anmut dieser Sprache. Weich und freundlich trägt auch heute noch der Gruß der Gondolieri über die Kanäle: »*Hoè, come semo?*« – »*Stago ben.*« Im Italienischen würde das deutlich härter »*Ciao, come stai?*« – »*Sto bene*« lauten.

Der Principessa, eine Antiquitätenhändlerin, wurde in Venedig ein Bild Pordenones angeboten. Der Maler, der eigentlich Giovanni Antonio de' Saccis (1483–1539) hieß, war ein Zeitgenosse Tizians und kam nach längeren Aufenthalten in Ferarra und Rom 1530 nach Venedig. Im Dogenpalast realisierte er mehrere Aufträge und war auch an der Ausgestaltung verschiedener Kirchen beteiligt, zum Beispiel von San Giovanni Elemosinario, gleich bei Rialto. Silvera will der Principessa einige Fresken Pordenones zeigen, die dieser für Santo Stefano malte:

Die Tür zum Kreuzgang im linken Seitenschiff war verschlossen, und der Küster war nicht da; ein sehr alter Priester, der vorüberkam, breitete hilflos die Arme aus. Mr. Silvera wußte aber von einem anderen Eingang. Der Kreuzgang, erklärte er mir, gehört zu dem an die Kirche angeschlossenen früheren Kloster, in dem heute die Verwaltungsräume des Pionierkorps untergebracht waren, und wenn er sich recht erinnerte, konnte man auch von dort hinein.
Er erinnerte sich recht. Wir traten wieder auf den Campiello Santo Stefano hinaus, überquerten wieder den Rio Sant'Angelo, und als wir rechts abbogen, befanden wir uns vor den Stufen zu einem anderen Portal, dieses im Stil des Cinquecento, aber mit zeitgenössischen Amtsschildern versehen (darunter, bemerkte ich, ein Amt für Kriegsschäden). Ein Soldat und zwei Zivilpersonen kamen heraus, und eine Angestellte mit einem Aktenbündel ging hinein. Auch wir traten ohne Schwierigkeiten ein.
Der Kreuzgang war quadratisch und architraviert, mit nüchternen ionischen Renaissancesäulen und einem alten Brunnen in der Mitte. Ich sah mir nacheinander die vier Seiten an. In dem Gang hinter den Säulen waren leere Wände, deren Verputz von Feuchtigkeit fleckig geworden war und da und dort abblätterte. Über den Säulen befanden sich in meterhohem Abstand auf der gelblich verputzten Wand zwei Fensterreihen. Eine war halb geöffnet, und es drang Schreibmaschinengeklapper zu uns herunter. Ich sah noch einmal prüfend in die Runde, registrierte zwei Mülltonnen, einen an die Wand gelehnten Besen. Aber keine Fresken oder nichts, was an Fresken erinnert hätte, waren auf irgendeiner Wandfläche des Kreuzgangs von Santo Stefano zu erkennen. [...] Mehr enttäuscht als verwundert gibt Mr. Silvera nicht die geringste Erklärung für seinen Irrtum, versucht in keiner Weise, ihn zu rechtfertigen. Tatsächlich macht er (wie er seiner Gefährtin gesteht, die verlegener scheint als er) oft solche Schnitzer, er ist ein unverbesserlicher Konfusionsrat.

Doch Silvera hat sich nicht getäuscht, Hermann Hesse (1877–1962) wurde durch die Fresken 1912 auf einer Italienreise zu einem Gedicht inspiriert:

Ein Wändeviereck blaß, vergilbt und alt,
Ehmals von Pordenones Hand bemalt.

Die Bilder fraß die Zeit. Du siehest nur
Mit schwachem Umriß hier und dort die Spur

Verwaschner Fresken noch: ein Arm, ein Fuß –
Vergangener Schönheit geisterhafter Gruß.

Ein Kind mit Augen auf, die lustig lachen
Und den Beschauer seltsam traurig machen.

Später erfährt die Principessa, daß diese Fragmente 1965 abgenommen wurden und nun in der Ca' d'Oro zu sehen sind. Gut, Silvera ist ein Mann mittleren Alters, warum soll er nicht vor 1965 in diesem Kreuzgang gewesen sein? Seltsam allerdings, so zerstört wie Hesse die Fresken schon angetroffen hat, hätte sich keiner gewundert, wenn sie inzwischen auf die eine oder andere Art verschwunden wären. Silvera hat ein Geheimnis, und das gibt diesem vordergründig leichten Roman eine zweite Ebene und Tiefe. Der Liebhaber ohne festen Wohnsitz – David Ashver Silvera – ist der Ewige Jude.

Diese legendäre Figur basiert auf dem Johannes-Evangelium. Während des Kreuzweges verweigert der Kriegsknecht Malchus Jesus eine Ruhepause und treibt ihn unter Schlägen von seiner Schwelle. Zur Strafe wird er dazu verdammt, bis zum Jüngsten Tag ruhelos durch die Welt zu irren. Der Kriegsknecht ist vermutlich Römer, jedenfalls kein Jude. Verschiedene Versionen des Motivs erscheinen ab dem 13. Jahrhundert in Italien – nun heißt der Verdammte Buttadio, der »Gottschläger«. In den folgenden Jahrhunderten verbreitet sich die Geschichte in ganz Europa. Doch erst in einer Erzählung aus dem Jahr 1602 taucht der Getriebene als Jude mit Namen Ahasverus auf. Seit Mitte des 19. Jahrhunderts, mit Geburt der Nationalstaaten, wird Ahasver zur Personifizierung des heimatlosen jüdischen Volkes. Der Kontext, in dem er erscheint, wird zunehmend antisemitischer. Bis zur Unkenntlichkeit geschändet legte der Ewige Jude 1940 einen Zwischenstop in Venedig ein. Auf den 24. Filmfestspielen Venedigs im September dieses Jahres wurde der nationalsozialistische Film *Jud Süß* uraufgeführt und erhielt die Goldmedaille (der Goldene Löwe wurde erst später eingeführt). Danach lief er gemeinsam mit dem Dokumentarfilm *Der Ewige Jude* in deutschen, tschechischen, französischen und italienischen Kinos an. Die beiden Filme waren der Höhepunkt der antisemitischen Propaganda. *Jud Süß* sollte als unterhaltsamer Spielfilm den Judenhaß auf breiter Front schüren, der *Ewige Jude* war der ergänzende perfide »Dokumentarfilm«, der über das unwerte jüdische Wesen aufklären sollte.

Fruttero & Lucentini zeichnen ihren Ewigen Juden so unbefangen und unbelastet, wie es bei einem deutschen Autorenteam schwer vorstellbar wäre. Für sie ist er einfach ein Zeitzeuge, dessen Wege über Jahrhunderte immer wieder nach Venedig führten und der über die Stadt mehr erzählen kann als jeder andere. Ein schöner Einfall, ist doch die Geschichte Venedigs eng verknüpft mit der der Juden.

Wer sich ausführlich mit der Geschichte der venezianischen Juden beschäftigen will, dem sei Ricardo Calimani (*1946) empfohlen. Calimani, gebürtiger Venezianer und Historiker, ist seit 2001 Schweizer Konsul in seiner Heimatstadt. Durch viele Quellen gestützt, beschreibt er das Leben seiner Vorfahren in der Chronik *Die Kaufleute von Venedig.*

Im Jahr 1516 wies die Republik den bis dahin über die Stadt verstreut wohnenden Juden in einer ehemaligen Bleigießerei, *geto*, bei San Girolamo, einen verpflichtenden Wohnbezirk zu, und dieser »Ghetto« gab allen späteren jüdischen Vierteln den Namen. In der Hoffnung, besser abgesichert zu sein, hatten die venezianischen Juden Ende des 14. Jahrhunderts erfolglos versucht, ein eigenes Viertel durchzusetzen. Doch gute hundert Jahre später waren die Verhandlungen mit dem Senat – flankierend geißelte die Kirche die Verwerflichkeit der Bankgeschäfte der Juden – so feindselig geworden, daß sie in dieser Maßnahme eher eine Bedrohung sahen. Calimani erklärt, warum:

In der Geschichte der Juden von Venedig, Italien und anderen Teilen Europas ist das Problem des Geldverleihs eine der Hauptursachen ideologischer Spannungen. Obwohl es sich um ein ökonomisches Phänomen handelt, das historisch vor allem im Mittelalter anzusiedeln ist, reichen seine Wurzeln bis in viel frühere Zeiten zurück. Man muß sogar bis zu den biblischen Gesetzen zurückgehen, die Vorschriften und Verbote enthalten, welche Juden und Christen – wieder einmal, und zwar einschneidend – voneinander trennten; denn sie erlaubten den ersteren, sich als Geldhändler zu betätigen.

Einerseits erlaubte also ihre Religion den Juden, Geld zu verleihen, andererseits blieb ihnen auch nicht viel anderes übrig:

Den Juden, die von den Zünften und den Handwerksberufen, den öffentlichen Ämtern und den Waffen, von den freien Berufen und vom Grundbesitz ausgeschlossen waren, stand nur ein einziger Weg offen – der Geldhandel, also das Bank- und Kreditgewerbe, das im Mittelalter »Wuchergeschäft« genannt wurde. Die umworbenen und zugleich verhaßten Juden ließen sich schließlich in den wichtigsten italienischen Städten nieder und

erhielten, wenn sie Banken eröffneten, oftmals nicht nur finanzielle Vorteile, sondern auch Privilegien anderer Art. [...] Der wahre Grund dafür, daß solche Verträge geschlossen und akzeptiert wurden, war eben häufig nur dieser eine: Sie wollten sich eine *Condotta* beschaffen, die es ihnen ermöglichte, sich in der Stadt niederzulassen, und mit der ihnen »Bürgerrechte« zugestanden wurden.
Worin bestand nun eine *Condotta*? Sie war in erster Linie eine Vereinbarung mit vielen Vorbehalten und Vorschriften und oftmals das Ergebnis aufreibender Verhandlungen zwischen den Juden und den städtischen Behörden. Sie war ein gegenseitiger Verhaltenskodex, durch den die Beziehungen zwischen Regierung und Bankier geregelt und eine Gewerbelizenz vergeben wurde. Der formale Aufbau der *Condotta* blieb sich immer ungefähr gleich: Die Bedingungen und die Art des Geldverleihs sowie die Anzahl der zugelassenen Banken wurden festgelegt, ferner der Ort, an dem die Bank eingerichtet wurde, deren Öffnungszeiten, die jeweilige *Contrada* (Stadtbezirk) oder ein geeigneter Ersatz dafür; die Personalien der Geldverleiher, ihrer Familien und ihrer Gehilfen wurde vermerkt; die persönlichen Vermögensverhältnisse der jeweiligen Gesellschafter wurden geklärt; wenn es sich um eine Gesellschaft handelte, wurden die einzelnen Gesellschafter identifiziert und sowohl ihr Kapitalanteil als auch ihr Anteil an der Betriebsführung registriert.

Die Zinssätze variierten, die Laufzeit der *condotte* betrug fünf oder zehn Jahre. Jede Verlängerung konnte die Lebensbedingungen der ansässigen Juden wieder über den Haufen werfen. In dieser Unsicherheit lebte auch die venezianische Gemeinde. Trotzdem, aus der Kontinuität der Republik resultierten relativ berechenbare Verhältnisse – anders als unter der Willkür feudaler Herrscher –, so daß Venedig Zuflucht für Juden aus ganz Europa wurde.

Im Jahr 1378 schrieb Ser Giovanni Fiorentino, ein Zeitgenosse Giovanni Boccaccios (1313–1375), der wie dieser vermutlich aus Florenz stammte, seine Novellensammlung *Il Pecorone*. Sie erschien 1554 erstmals im Druck und fand rasch weite Verbreitung; eine der Erzählungen diente 1595 William Shakespeare (1564–1613) als Vorlage für sein Drama *Der Kaufmann von Venedig*. Shakespeares Identität und Lebensdaten liegen weitgehend so im dunkeln, daß offen ist, ob der Dichter je in Italien war. Doch die leidenschaftlichen und genau kalkulierten Dialoge zeigen, daß Shakespeare eine klare Vorstellung vom Konflikt zwischen Juden und Venezianern hatte. Wichtig war ihm die Darstellung der gegensätzlichen Standpunkte, er wirbt weder um Verständnis, noch klagt er an.

Um seinem Freund Bassanio bei seiner Werbung um die reiche Porzia zu unterstützen, will der venezianische Kaufmann Antonio bei dem jüdischen Pfandleiher Shylock für dreitausend Dukaten bürgen. Die Sicherheit stellen vier Schiffe und verschiedene Frachten zu See. In der dritten Szene tritt er mit Shylock in Verhandlungen:

ANTONIO: Scheilock, wenn ich Geld borge oder ausleihe,
zahle ich keinen Zins und nehme keinen,
doch um der höchsten Not des Freunds zu helfen,
laß ich von meinem Brauch. [...]
SCHEILOCK: Signor Antonio, zu mancher guten Stunde
hast du auf dem Rialto mich geschmäht
um meine Gelder und um meine Zinsen:
mit einem stillen Zucken hab ichs getragen,
denn Dulden ist das Erbteil meines Stamms.
Du nennst mich ungläubig, Halsabschneider, Hund,
hast auf mein jüdisches Gewand gespien,
nur weil ich nutzen will was mir gehört.
Jetzt also scheint es brauchst du meine Hilfe:
also du kommst zu mir, und sagst zu mir:
Scheilock, wir brauchen Geld, so sagst du mir:

der du auf meinen Bart gespuckt hast; mich
getreten hast wie man einen fremden Hund
von seiner Schwelle stößt – Geld brauchst du jetzt.
Was müßte ich dir sagen? Müßt ich nicht sagen:
haben Hunde Geld? Erwartet man daß eine
Bestie dreitausend Dukaten verleiht? Oder
soll ich mich tief bücken, und fühllos wie ein Sklave
mit dünner Stimme und gehauchter Demut
so sprechen:
Schöner Herr, am Mittwoch hast du mich angespien,
am nächsten Tag getreten, ein andermal
mich Hund genannt: für solche Höflichkeit
leih ich dir so und so viel Geld! [...]
Nein seht doch wie du stürmst!
ich will dein Freund sein, deine Liebe haben,
die Schmach vergessen mit der du mich befleckt,
deiner Not beistehn, und keinen Heller Zins
für meine Gelder nehmen, – aber du hörst mich nicht.
Das Angebot ist gut.
BASSANIO: Sehr große Güte!
SCHEILOCK: Und gütig will ich sein.
Geh zum Notar mit mir, unterzeichne dort
den kleinen Schuldschein – und dann, es ist nur Laune:
wenn du mir am bestimmten Tag und Ort
die Summe nicht bezahlst die der Vertrag
festlegt, sei Geld nicht deine Buße, sondern
ein volles Pfund von deinem Christenfleisch
das ich mir nehmen oder schneiden kann
aus welchem Teil von deinem Leib ich will.

Als Genugtuung für erlittene Schmach macht der Jude einen üblen Scherz. Doch Bassino nimmt ihn ernst und will nicht, daß der Freund unter solchen Umständen für ihn bürgt. Diese Reaktion bringt Shylock erneut in Rage:

O Vater Abraham, daß diese Christen,
weil sie selbst hartgesotten sind, auch jedem
andern mißtraun! Bitte, sag mir eins:
versäumt er seinen Tag, was nützt es mir
wenn ich die Buße einzuziehen gedächte?
Denn ein Pfund Menschenfleisch aus Menschenleib
wird nicht so sehr geschätzt, nicht so genutzt
wie Fleisch von Ochsen, Hammeln oder Ziegen.
Daß er mein Freund wird, zeige ich ihm Freundschaft;
wenn er sie annimmt, gut; wenn nicht, lebt wohl,
und denkt nichts Böses über meine Liebe.

Antonio willigt schließlich ein – und dann kommt alles anders als gedacht: Der Schuldner verliert alle seine Schiffe, und auch Shylock erleidet einen schweren Verlust. Seine Tochter Jessica brennt mit ihrem christlichen Liebhaber durch, im Gepäck hat sie den väterlichen Diamantschatz. Als Antonio am Stichtag nicht zahlen kann, besteht der verbitterte Shylock blindwütig auf seinem Pfand. Den folgenden Prozeß verliert er. Das Gericht billigt ihm zwar das Fleisch zu, nicht jedoch das Blut, das beim Herausschneiden flösse. Und weil er das Leben eines Venezianers bedroht hat, wird ihm zudem noch der Rest seines Vermögens genommen: Shylock ist ein gebrochener Mann.

Eine sehr eigenständige Variante stammt von der Münchner Autorin Mirjam Pressler (*1940), die in *Shylocks Tochter* den Stoff um die Sicht Jessicas bereichert. Anschaulich und mit genauer Kenntnis der jüdischen Rituale und Gewohnheiten beschreibt sie das beengte, oft arme und geschäftige Treiben in Venedigs »siebtem« Stadtteil. Ein Leben so vielschichtig, wie es auch Calimani zeigt:

Im Ghetto vernahm man die unterschiedlichsten Klänge: Nicht nur die hebräischen Gesänge oder die verstümmelten Idiome der Mittelmeerländer, sondern kräftige spanische, türkische, portugiesische, levantinische und griechische Mundarten, ganz zu schweigen von der Sprache mancher Polen oder deutschen Flüchtlinge und den verschiedenen italienischen Dialekten. [...] Das Alltagsleben wurde durch den Rhythmus der traditionellen Gebete am Morgen, am Nachmittag und am Abend bestimmt und dadurch in regelmäßige Abschnitte aufgeteilt. Nachts kam dann die Schließung der Tore und die Barke, die ihre Runden durch die Kanäle drehte. Der große Platz, der nur tagsüber Mittelpunkt des jüdischen und christlichen Lebens war, wurde nachts zu einer Art exterritorialem Gebiet, zu einer unabhängigen Republik der Juden mitten im Herzen von Venedig. Nachts leerte sich die Bühne des Ghetto Novo und ließ die Käufer von Gebrauchtwaren und jene, die tagsüber vor den Leihbanken Schlange gestanden hatten, vor den Toren zurück.

Der Ghetto Novo ist der älteste Teil, benannt nach dem jüngeren Teil jener Gießerei, und der soziale Mittelpunkt des Viertels. Hinter den unscheinbaren Fassaden des Campo verbergen sich fünf prunkvolle Synagogen: die Scuola Grande Tedesca, die Synagoge der deutschen Juden von 1528, die im 18. Jahrhundert aufwendig umgebaut wurde, und die 1532 eingerichtete Scuola del Canton der osteuropäischen Juden. Erst 1575 entstand die Scuola Italiana. Etwa zeitgleich bezogen auch die spanischen Juden und die Levantiner ihre eigenen Bethäuser am Campiello delle Scuole. Ab 1635 baute Baldassare Longhena (1598–1682), dessen Meisterstück die Basilica Santa Maria della Salute ist, beide Säle aus. Nicht nur beim Baumeister, auch in der prächtigen rot-goldenen Innenausstattung paßten sich die Gemeinschaften ganz dem venezianischen Zeitgeschmack an. Die Scuole sind nur geführt zu besichtigen; Ausgangspunkt ist das Museo Ebraico im Erdgeschoß der Scuola Grande Tedesca.

Später rang die stetig wachsende jüdische Gemeinde der Republik auch den älteren Teil des Werksgelände ab, den Ghetto Vecchio.

Dort hat auch heute noch der letzte jüdische Bäcker und der eine oder andere koschere Lebensmittelhändler seinen Laden.

Der jüdische Friedhof befindet sich auf San Nicolò. Der alte Teil, dessen Gräber bis ins 14. Jahrhundert zurückgehen, ist nur nach Voranmeldung zu besuchen, der neuere Teil, der im 18. Jahrhundert angelegt wurde, ist – außer am Samstag und zur Mittagsruhe – für die Öffentlichkeit zugänglich. Ein intimer Ort, üppig eingewachsen und mit schönen Grabsteinen. Ein Ausflug hierher ist weit stimmungsvoller als auf die eher sterile Friedhofsinsel San Michele.

→ Musik, die Zwillingsschwester des Wassers

Vivaldi trifft Händel, Wagner und Strawinsky

Ospedale della Pietà – »Agrippina« von Georg Friedrich Händel – Teatro di San Cassiano – Teatro San Giovanni Crisostomo/Teatro Malibran – Gran Teatro La Fenice – San Giovanni in Bragora – Palazzo Contarini dal Zaffo a San Vio – Palazzo Vendramin-Calergi

Mißtrauisch erschien das Gesicht der Schwester Pförtnerin am Gitter, aber es verklärte sich vor Wonne, als sie das Angesicht des Rothaarigen erblickte. »O Meister, diese göttliche Überraschung!« und es knarrten die Angeln der Pforte und die fünf traten in das Ospedale della Pietà ein, das ganz im Dunkeln lag und wo in den breiten Korridoren nur bisweilen, wie von einer wankelmütigen Brise hereingeweht, der ferne Lärm des Karnevals widertönte. »Diese göttliche Überraschung!« wiederholte die Nonne, als sie die Lichter entzündete in dem großen Musiksaal, der mit seinem Marmor, seinen Gesimsen und Girlanden, mit seinen vielen Stühlen, Vorhängen und Vergoldungen, seinen Teppichen, seinen Gemälden nach biblischen Stoffen so etwas wie ein Theater ohne Bühne oder eine Kirche mit wenig Altären war, ein Ambiente, klösterlich und weltlich, prunkhaft und abgeschieden zugleich.

Der Rothaarige, genannt *il prete rosso,* der rote Priester, ist der Komponist und Chormeister Antonio Vivaldi (1678–1741). Bevor er Musiker wurde, hatte er das Priesterseminar besucht. Die seltsame Gruppe, die ihn begleitet, besteht aus einem reichen mexikanischen Herrn, der sich auf Europareise befindet, dessen schwarzem Diener Filomeno, dem deutschen Komponisten Georg Friedrich Händel (1685–1759) und dem neapolitanischen Komponisten

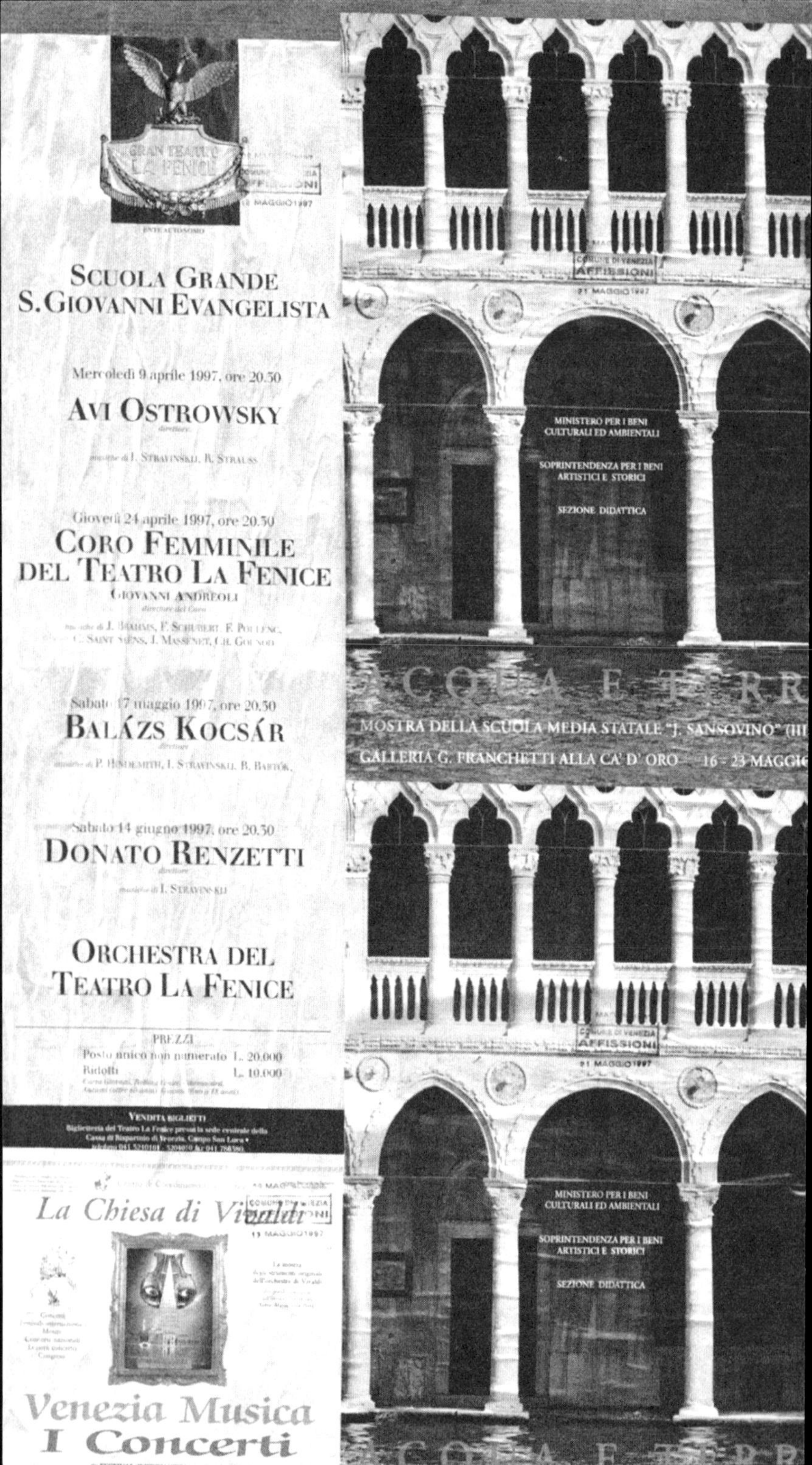
GRAN TEATRO
LA FENICE
AFFISSIONI
MAGGIO 1997
SCUOLA GRANDE
S. GIOVANNI EVANGELISTA
Mercoledì 9 aprile 1997, ore 20.30
AVI OSTROWSKY
musiche di I. STRAVINSKIJ, R. STRAUSS
Giovedì 24 aprile 1997, ore 20.30
CORO FEMMINILE
DEL TEATRO LA FENICE
GIOVANNI ANDREOLI
direttore del Coro
C. SAINT-SAËNS, J. MASSENET, CH. GOUNOD
Sabato 17 maggio 1997, ore 20.30
BALÁZS KOCSÁR
musiche di P. HINDEMITH, I. STRAVINSKIJ, B. BARTÓK
Sabato 14 giugno 1997, ore 20.30
DONATO RENZETTI
direttore
musiche di I. STRAVINSKIJ
ORCHESTRA DEL
TEATRO LA FENICE
PREZZI
Posto unico non numerato L. 20.000
Ridotti L. 10.000
VENDITA BIGLIETTI
La Chiesa di Vivaldi
13 MAGGIO 1997
Venezia Musica
I Concerti
COMUNE DI VENEZIA
AFFISSIONI
21 MAGGIO 1997
MINISTERO PER I BENI
CULTURALI ED AMBIENTALI
SOPRINTENDENZA PER I BENI
ARTISTICI E STORICI
SEZIONE DIDATTICA
MOSTRA DELLA SCUOLA MEDIA STATALE "J. SANSOVINO"
GALLERIA G. FRANCHETTI ALLA CA' D' ORO 16 - 23 MAGGIO
COMUNE DI VENEZIA
AFFISSIONI
21 MAGGIO 1997
MINISTERO PER I BENI
CULTURALI ED AMBIENTALI
SOPRINTENDENZA PER I BENI
ARTISTICI E STORICI
SEZIONE DIDATTICA

Domenico Scarlatti (1685–1757). Mit ihnen hat der kubanische Autor, Musikwissenschaftler und Librettist Alejo Carpentier (1904–1980) das Personal für seine Novelle *Barockkonzert* aus dem Jahre 1974 zusammengeführt. Über eine entsprechende Begegnung im wirklichen Leben ist nichts bekannt, allerdings wurde Händels Oper *Agrippina* am 26. Dezember 1709 – am ersten Tag der neuen Opern- und Karnevalssaison – in Venedig uraufgeführt. Da Vivaldi und Scarlatti sich mit Händel über diese Aufführung unterhalten, könnte man glauben, die Handlung sei in diesem Jahr anzusiedeln, doch der Verlauf der Novelle zeigt, daß Carpentier mit der Zeit jongliert: Vivaldi lästert über Strawinsky, der Mexikaner und Filomeno kreuzen bei ihrer Abfahrt die Trauergondel Wagners, und schließlich mischen sich Louis Armstrongs Trompetentöne mit den Stundenschlägen der Mohren des Torre dell'Orologio. Der Kubaner mischt die Lebensläufe seiner Protagonisten neu und zieht seine witzig überzeichneten Charaktere wie Spielkarten aus dem Ärmel:

Aber der Deutsche kam in übelster Laune, rot angelaufen vor Ärger – und natürlich auch des ungeschonten Rotweins wegen –, hatte doch so ein Schmierfink von einem schellenbehangenen Narren ihm auf die Strümpfe gepißt und sich so schnell aus dem Staube gemacht, daß die ihm zugedachte Maulschelle, auf den Hintern eines Schwulen deplaziert, das Opfer veranlaßte, auch die andere Backe hinzuhalten, weil es gedacht hatte, die Liebkosung sei ernst gemeint. »Beruhige dich«, sagte der Frater Rothaar: »Ich habe schon gehört, daß die *Agrippina* heute nacht mehr Erfolg denn je gehabt hat.« – »Ein Triumph!« sagte der Neapolitaner, während er ein Glas Schnaps in seinen Kaffee goß. »Das Theater Grimaldi war voll.« Ein guter Erfolg mochte es, gemessen am Beifall und an den Zurufen am Ende, gewesen sein, aber der Deutsche konnte sich nicht an dieses Publikum gewöhnen. »Es nimmt doch niemand hier irgend etwas ernst.« Während der Sopranarie und der Arie des Kastraten war ein ständiges Kommen und Gehen der Zuschauer gewesen, die Orangen aßen und Schnupftabak schnupften, Erfrischungen schlürften und Flaschen entkorkten, wenn sie nicht überhaupt an der dramatischsten Stelle der Tragödie Karten spielten. Und das nur, um nicht von denen zu reden, die es in den Logen – viel zuviel schmiegsame Kissen in diesen Logen – trieben, so daß gerade heute nacht unter dem pathetischen Rezitativ des Nero ein Frauenbein, bar des bis zum Knöchel aufgerollten Strumpfes, auf dem granatroten Samt der Brüstung erschienen war und einen Schuh abwarf, der mitten ins Parkett fiel, zum großen Entzücken der Zuschauer, die sofort alles vergaßen, was auf der Bühne geschah.

Das erste Opernhaus der Welt war das 1637 eröffnete Teatro di San Cassiano – der letzte Vorhang ist schon lange gefallen. Zwei Jahre später nahmen die Theater Santi Giovanni e Paolo und San Moisè ihr konkurrierendes Programm auf. Mit den ersten Häusern setzte sich der Brauch durch, sie nach der Kirche und damit nach dem Sprengel, zu dem sie gehörten, zu benennen. In den Jahren 1677 und 1678 entstanden in Sant'Angelo und in San Giovanni Crisostomo zwei neue wichtige Bühnen. Die Oper avancierte in Venedig zur Volksbelustigung Nummer eins. Immer mehr Häuser kamen hinzu, doch viele hielten der Konkurrenz und dem Kostendruck nur wenige Spielzeiten lang stand. Über Generationen erfolgreich in diesem Geschäft war die Familie Grimani, der unter anderem das Teatro San Giovanni Crisostomo gehörte, in dem das von Carpentier beschriebene Spektakel stattfand. Bis zur Eröffnung des Gran Teatro la Fenice 1792 war es das größte und prächtigste Opernhaus Venedigs. Bespielt wird es bis heute unter dem Namen Teatro Malibran – denn 1835 rettete die spanische Sängerin Maria-

Felicia Malibran das Theater vor dem Konkurs. Frisch renoviert erstrahlt es im alten Glanz und ist momentan wieder das erste Haus am Platze, weil das Fenice 1996 bis auf die Grundmauern ausbrannte: Mitarbeiter einer Installationsfirma hatten das Feuer gelegt, um zu verschleiern, daß sie mit ihrer Arbeit im Verzug waren, und dachten, so einer Vertragsstrafe zu entgehen. Doch das scheint nicht der Höhepunkt der Posse zu sein – trotz großzügiger privater, öffentlicher und internationaler Unterstützung wird seit Jahren um Finanzierung und Auftragsvergabe des Wiederaufbaus gestritten. Die meiste Zeit ruhen die Arbeiten. Venedig, einst Mittelpunkt des europäischen Operngeschehens, spielt heute als Aufführungsort – von Festspielen ganz zu schweigen – nur noch eine Rolle am Rande.

Die erregende Welt der Oper eröffnete Claudio Monteverdi (1567–1643) im Jahr 1607 mit der Uraufführung von *Orfeo* in Mantua. Dieses Werk begründet die Tradition des *dramma per musica,* des Musikdramas, das sich an der griechischen Tragödie orientiert. *Orfeo* ist die erste und bereits ausgereifte *opera seria* im Unterschied zu der gerade in Venedig später so beliebten *opera buffa,* der Komischen Oper. Monteverdi wurde dann *primo maestro* von San Marco. Diese begehrte und gut bezahlte Stelle hatte er bis zu seinem Tod inne. Als mit den späten dreißiger Jahren des 17. Jahrhunderts die Oper Zeitvertreib für ein breites Publikum wurde, griff Monteverdi diese Gattung wieder auf: 1642 wurde *L'incoronazione di Poppea* im Teatro Santi Giovanni e Paolo uraufgeführt. Sein Schüler Francesco Cavalli (1602–1676), der auch sein Nachfolger in San Marco wurde, komponierte bereits einige Dutzend Opern.

Die Opernsaison begann Anfang Oktober, ging nahtlos in den Karneval über und endete mit Beginn der Fastenzeit. Im Jahr 1699 setzte der Rat der Zehn allerdings durch, daß zumindest über die Weihnachtsfeierlichkeiten die Theater geschlossen blieben. Pro Saison wurden pro Haus zwei bis drei Opern aufgeführt, der Hunger des Publikums war unersättlich, doch die wenigsten Werke und Komponisten sind heute noch (einem breiten Publikum) bekannt.

Selbst Antonio Vivaldi hat heutzutage keinen Namen als Opernkomponist, dabei schrieb er über vierzig Opern. Die meisten gingen verloren, doch auch die überlieferten gehören nicht zu dem bekannten Teil seines Œuvres. Das Oratorium *Juditha triumphans* (1716) und die Opern *Giustino* (1724) und *Orlando furioso* (1927) kommen ab und an zur Aufführung, von einer Renaissance ist jedoch nicht zu sprechen. Das mag eine Frage der Mode sein, liegt aber wohl auch daran, daß er, wie alle seine Zeitgenossen – unter ihnen auch Händel, dessen Opern ja auch erst langsam wiederentdeckt werden –, für Kastraten komponierte und zum Teil auch bei den anderen Stimmen Gesangstechniken voraussetzte, die heute keine Selbstverständlichkeit sind: eine Herausforderung für Sopranistinnen und Countertenöre.

Vivaldis Name ist eher verbunden mit seiner Tätigkeit als Violinlehrer und später als *maestro di coro* am Ospedale della Pietà an der Riva degli Schiavoni, wobei *coro* Chor und Instrumental-Esemble benennt. Die vier *ospedali* – neben der Pietà, I Mendicati, Gli Incurabili und L'Ospedaletto – waren von Nonnen geführte Mädchen-Waisenhäuser. Konversatorien genannt, von *conservare,* aufbewahren. Die übertragene Bedeutung rührt daher, daß die Nonnen den Mädchen eine aufwendige Ausbildung als Sängerinnen oder Musikerinnen zukommen ließen. Jean-Jacques Rousseau (1712–1778), der 1743/44 als Sekretär des französischen Gesandten in Venedig arbeitete, berichtet in seinen Memoiren, die er *Bekenntnisse* nannte, von diesen Mädchenchören und -orchestern:

Carrio [der Sekretär des spanischen Gesandten] und ich versäumten niemals diese Vesper in der Kirche de Mendicanti, und wir waren nicht die einzigen. Die Kirche war stets voll von Musikfreunden, und sogar die Opernsänger kamen hin, um sich an diesen vorzüglichen Mustern wahrer Gesangskunst zu bilden. Mich ärgerten nur diese verdammten Gitter, die zwar die Töne durchließen, meinen Augen aber all die Engel an Schönheit verbargen, deren Kehlen sie entströmten. Ich sprach bald überhaupt von nichts anderem mehr. Und als ich eines Tages zu Herrn Le Blond [französischer Konsul] ähnliches äußerte, sagte er: »Wenn Sie so neugierig sind, diese kleinen Mädchen zu sehen, so ist es ein leichtes, Ihnen diesen Wunsch zu erfüllen. Ich bin einer der Verwalter des Hauses und kann Ihnen gern Gelegenheit schaffen, dort das Vesperbrot zu essen.« Ich ließ ihm keine Ruhe, bis er Wort hielt. Beim Eintritt in den Saal, der die so begierig ersehnten Schönheiten umschloß, fühlte ich einen Liebesschauer, wie ich ihn nie wieder in meinem Leben empfunden habe. Herr Le Blond stellte mir nun nacheinander all die berühmten Sängerinnen vor, deren Stimme und deren Namen das einzige war, was mir von ihnen bekannt gewesen. »Kommen Sie, Sophie ...«, sie war entsetzlich häßlich. »Kommen Sie, Kathina ...«, sie war einäugig, »kommen Sie, Bettina ...«, die Blattern hatten ihr Gesicht zerfressen. Es fand sich nicht eine, die nicht durch irgendein recht auffälliges Gebrechen entstellt war. Der Henker lachte über meine grausame Enttäuschung. [...] Während des Vesperbrotes neckte man sie, und sie wurden ausgelassen. Häßlichkeit schließt Anmut nicht aus, sie besaßen welche! Ich sagte mir, ohne Seele kann man so nicht singen, sie müssen also Seele besitzen. Schließlich änderte sich meine Art, sie zu sehen, so völlig, daß ich fast verliebt in all diese kleinen, garstigen Hexen fortging.

Die Mädchen aller vier Ospedali traten hinter hölzernen Gittern auf. Dem widerspricht auch ein Bild Francesco Guardis (1712–1793) *Ein Konzert der Waisenmädchen* in der Alten Pinakothek in München nicht, auf dem die Mädchen offen zu sehen sind, denn sie spielen in einem Festsaal. Die Gitter waren vor allem eine Reverenz an die katholische Kirche, die es Mädchen und Frauen untersagte, in Kirchen zu musizieren. Die leprakranken Mädchen aus dem Ospedale dei Mendicanti, dem Waisenhaus der Bettler, schützten die Gitter zudem vor verletzenden Blicken. Und auch im Ospedale degli Incurabili, dem Waisenhaus der Unheilbaren, in dem Kinder Aufnahme fanden, die von ihrer Mutter mit Syphilis infiziert worden waren, mag der fehlende Blickkontakt ein Schutz gewesen sein. Doch obwohl manche der jungen Musikerinnen entstellt waren, die Mädchenorchester waren keine »Freakshow«, wie Rousseau es nahelegt. Viele der Waisen waren Findelkinder – nicht zuletzt für die vielen Prostituierten der Stadt gab es »Babyklappen«, an denen Kinder anonym abgegeben werden konnten – und hatten keinen Nachnamen. Also hießen die Mädchen nach den Instrumenten, die sie spielten: Pierina del Violino, Caterina del Cornetto oder Claudia del Flautino.

Der *coro* der Pietà war unter Leitung Vivaldis besonders für seine Instrumentalistinnen berühmt. Der Unterricht der Mädchen war professionell und vielfältig; sie lernten ihre Instrumente zu beherrschen, wurden musiktheoretisch unterwiesen und zudem als Kopistinnen ausgebildet. Das Geld, das die Klöster durch die Konzerte einnahmen, wog die Ausbildungskosten vielfach auf. Als jungen Frauen stand es den Musikerinnen frei, ins Kloster einzutreten oder zu heiraten. Es war ihnen jedoch verboten, zur Bühne zu gehen. Blieben sie, so unterrichteten sie am Konservatorium oder gaben Kindern der Nobili Privatstunden.

37 Jahre lang, bis 1740, arbeitet Vivaldi mit Unterbrechungen für das Ospedale della Pietà, ist dort und in den Opernhäusern der Stadt ein Star des Musikgeschehens. Er komponiert zunehmend virtuoser und raffinierter, doch das Publikum weiß das nicht zu schätzen: es will einerseits mitreißende Gassenhauer und andererseits neue, modernere Töne. Immer öfter fallen Werke Vivaldis beim Publikum durch. Dennoch ist sein Leumund in Europa gut;

im Alter von 62 Jahren folgt er dem Ruf Kaiser Karls VI. nach Wien. Doch kaum dort angekommen, stirbt der Kaiser, und bevor sich der Komponist nach einer neuen Stelle umsehen kann, erkrankt auch er schwer. Am 28. Juli 1741 stirbt der Maestro und wird anonym in einem Armengrab verscharrt. Vivaldi hat kaum Spuren hinterlassen und wurde bis zum Beginn des 20. Jahrhunderts weitgehend vergessen.

Der 1972 nach Amerika emigrierte Russe Joseph Brodsky (1940–1996) sah in Venedig eine Schwester Leningrads, der Stadt seiner Kindheit. Der Heimatlose fand sich wieder an der *fondamenta degli incurabili*, eigentlich dem Ufer der Unheilbaren, doch im Deutschen wurde daraus der Titel *Ufer der Verlorenen*. Brodsky spielt mit dem Namen des erwähnten Klosters Ospedale degli Incurabili und der Fondamenta della Misericordia, dem Ufer der Barmherzigkeit. So klingt der Titel wie eine venezianische Adresse, ist es aber nicht. Trotz des leichten, fast spöttischen Tons stimmt Brodsky ein melancholisches Lied auf die Lagunenstadt an. Das winterliche Venedig weckt eine beständige Sehnsucht nach seinem für immer verlorenen Zuhause. Dunkelheit, Kälte, Nebel und Hochwasser wärmen sein heimwehkrankes Herz.

Jedes Detail entzündet Brodskys Phantasie, weckt Erinnerungen, wird zum Anlaß genommen, von Venedig Besitz als Heimatersatz zu ergreifen, indem er seine eigenen Spuren dort entdeckt. So auch an einer unauffälligen Tafel an der Kirche San Giovanni in Bragora am Campo Bandiera e Moro:

Vor siebzehn Jahren, als ich ziellos einen Campo nach dem anderen durchwatete, brachte mich ein Paar grüner Gummistiefel zur Schwelle eines eher kleinen, rosafarbenen Gebäudes. An seiner Wand sah ich eine Tafel, die besagte, daß Antonio Vivaldi, der zu früh zur Welt kam, in dieser Kirche getauft wurde. In jenen Tagen war ich noch einigermaßen rothaarig; es bereitete mir sentimentale Gefühle, auf die Taufstätte jenes »roten Klerikers« gestoßen zu sein, der mir soviel Freude bei so vielen Anlässen und in so vielen gottverlassenen Gegenden der Welt bereitet hat. Und irgendwie erinnerte ich mich, daß es Olga Rudge war, die die allererste Vivaldi-Settimana in dieser Stadt organisiert hat – wie es sich fügt, nur kurz vor Ausbruch des Zweiten Weltkriegs. Sie fand, wie mir jemand erzählt hat, im Palazzo der Gräfin Polighiac statt, und Miss Rudge spielte Violine. Während sie das Stück spielte, bemerkte sie aus den Augenwinkeln, daß ein Herr den Salon betreten hatte und an der Tür stehenblieb, da alle Stühle besetzt waren. Es war ein langes Stück, und jetzt war sie ein wenig in Unruhe, weil sie sich einer Passage näherte, wo sie umblättern mußte, ohne ihr Spiel zu unterbrechen. Der Mann im Augenwinkel hatte sich allmählich in Bewegung gesetzt und war bald aus ihrem Blickfeld verschwunden. Die Passage kam näher, und ihre Nervosität näherte sich ebenfalls dem Höhepunkt. Und dann, genau an der Stelle, an der sie umblättern mußte, tauchte von links eine Hand auf, reckte sich zum Notenpult und blätterte langsam um. So spielte sie weiter, und als die schwierige Passage vorüber war, hob sie die Augen nach links, um ihrer Dankbarkeit Ausdruck zu verleihen. »Und so«, hat Olga Rudge einer Freundin von mir erzählt, »habe ich Bekanntschaft mit Strawinsky gemacht.«

Die Vivaldi-Woche fand wahrscheinlich im Palazzo Contarini dal Zaffo a San Vio statt, gleich rechts nach der Accademia-Brücke. Er gehörte der Familie Poligniac, die dort einen der interessantesten Salons der Stadt führte. (Die Gräfin Polighiac dürfte sich einer Fehlinformation oder einem Druckfehler verdanken.) Die Violinistin Olga Rudge (1885–1986), mit der Brodsky noch eine trostlose Begegnung hat, war die Lebensgefährtin von Ezra Pound (1885–1972). In den Jahren vor dem Zweiten Weltkrieg beeinflußten beide das kulturelle Leben in Venedig stark. Pound, Dichter und Herausgeber unter anderen von James Joyce und T. S. Eliot, war ein überzeugter Anhänger Mussolinis; der italienische Rundfunk sendete während des Krieges regelmäßig seine antiamerikanischen und antisemitischen Beiträge. Nach dem Krieg wurde er von den Amerikanern des Hochverrats angeklagt. Sein Anwalt plädierte jedoch auf Unzurechnungsfähigkeit – der Dichter wurde daraufhin in eine Anstalt eingewiesen, wo er 13 Jahre seines Lebens verbrachte. Er starb in Venedig.

Aus der privaten Vivaldi-Woche ist inzwischen ein Vivaldi-Festival geworden, das jährlich im Mai oder Juni stattfindet. Einer der Veranstaltungsorte ist die Chiesa della Pietà, in der auch das Jahr über regelmäßig Vivaldi-Konzerte stattfinden: Einige Ensembles spielen in barocken Kostümen, das mag manchem etwas seltsam erscheinen, andererseits war aber gerade in Venedig der Übergang vom Musikereignis zum Spektakel stets fließend. Negativer dürfte sich auf die Atmosphäre auswirken, daß diese Veranstaltungen in erster Linie Touristen besuchen und man also nicht auf das musikliebende und vor allem begeisterungsfähige venezianische Publikum trifft. Wer das erleben möchte, sollte die Augen offenhalten und nach den Ankündigungen der vielen Konzerte suchen, die in anderen Kirchen und einigen Palazzi stattfinden. Doch Vorsicht vor kulturellem Hochmut! Selbst so enthusiastisch gefeierte Solisten wie der Geiger Giuliano Carmignola, begleitet vom Venice Baroque Orchestra, oder das Ensemble Sonatori de la Gioiosa Marca, deren Interpretationen der Musik des 17. Jahrhunderts Maßstäbe setzen, bringen es fertig, mit Programmtiteln wie »Weihnachten in San Marco« anzutreten. Welche Schätze sie spielen, läßt sich nur dem Kleingedruckten entnehmen. Bei solch herausragenden Konzerten sprühen Funken, die Glut des einstigen Ruhms wird wieder entfacht. Also in ein Konzert gehen? Brodsky wägt ab, was er mit einem der langen Winterabende – Bars und Kneipen machen früh zu – anstellen soll:

Abends gibt es hier nicht viel zu tun. Oper und Kirchenkonzerte sind natürlich erste Wahl; doch das erfordert einige Initiative und Organisation: Eintrittskarten und Programme und dergleichen. So etwas liegt mir nicht; es ist fast so, als würdest du dir eine Mahlzeit mit drei Gängen ganz für dich allein zubereiten – vielleicht sogar noch einsamer. Und im übrigen ist es mit meinem Glück so bestellt, daß immer, wenn ich einen Abend im La Fenice in Betracht ziehe, eine Woche lang Tschaikowski oder Wagner gegeben wird – einander ebenbürtig, was meine Allergie gegen sie angeht. Kein einziges Mal Donizetti oder Mozart! Du kannst also nur lesen oder untätig umherschlendern, was beinahe dasselbe ist, da bei Nacht die steinernen, schmalen Gassen wie Gänge zwischen den Regalen einer riesigen, vergessenen Bibliothek sind, und ebenso ruhig. All die »Bücher« sind fest geschlossen, und wovon sie handeln, rätst du nur anhand der Namen auf den Buchrücken, unter der Türklingel.

Tommaso Albinoni (1671–1750) könnte eines der Bücher heißen. Der Zeitgenosse Vivaldis stammt aus einer Familie, die viel Geld mit der Herstellung von Spielkarten verdiente. Bis zum Tod seines Vaters arbeitete auch der Sohn in diesem Betrieb. Die Titelblätter seiner bis dahin komponierten Werke zeichnet er als *dilettante*, was jedoch kein Hinweis darauf ist, daß er von seiner Sache nichts verstand. Die Bezeichnung kommt von *dilettare*, sich ergötzen, und weist nur darauf hin, daß hier einer zu seinem eigenen Vergnügen und nicht zum Broterwerb am Werk ist. Albinoni steht heute für einen Schmachtfetzen, das *Adagio in g-moll*, für dessen steinerweichende Existenz er eigentlich gar nicht zuständig ist: Die Baßlinie und sechs Takte der Melodie waren überliefert, das eigentliche Stück hat der Albinoni-Forscher Remo Giazotto 1945 hinzugeschrieben. Der größte Teil der Kompositionen Albinonis harrt noch der Entdeckung.

Verdi – Roman der Oper heißt eines der Bücher der riesigen Bibliothek der Gassen, geschrieben von Franz Werfel (1890–1945). Der bei Busseto geborene Giuseppe Verdi (1813–1901) feierte im La Fenice einige seiner größten Erfolge: uraufgeführt wurden hier *Ernani* (1844), *Attila* (1846), *Rigoletto* (1851), *La Traviata* (1853) und *Simon Boccanegra* (1857). Das Publikum war begeistert, nur mit der lyrischen *Traviata* konnte es nichts anfangen. Um 1873 verliert Verdi die Lust am Komponieren und zieht sich für zehn Jahre auf seinen Landsitz in der Poebene zurück. Kritiker hatten Verdi immer wieder mit dem genialen Richard Wagner (1813–1883) verglichen, seine Musik für veraltet erklärt. Werfel nahm sich in seinem 1924 erschienenen Roman dieser späteren Jahre Verdis an. Die fiktive Handlung findet ihren Höhepunkt, als Verdi, der eine Begegnung immer gescheut hatte, beschließt, sich Wagner zu stellen:

Alle Glocken brachen los, als Verdi die Gondel bestieg, um zum Palazzo Vendramin zu fahren. Durch die sonnige Stunde hervorgelockt, begab sich seltsame Ausgelassenheit überall in der Stadt. Die Gassen waren voll, Lieder hörte man allenthalben singen und pfeifen. Nicht selten vernahm der Maestro Weisen aus der »Macht des Schicksals«. Die Gondel bog schon beim Canale del Palazzo ein, glitt unter dem Ponte dei Sospiri durch, zog an blinden Palästen vorbei, die ihre zerstörten Augen halb geschlossen hielten, an Gärten, deren Kahlheit nur von Lorbeer und Koniferenfinsternis ein wenig durchgrünt war, fuhr in den Canale Fava ein, dessen Flanken von plappernden Menschenzügen schallten. Hinter dem Rialto empfing sie der Canal Grande, der heute sehr laut war; von vielen Fahrzeugen, den fauchenden Raddampferchen durchschnitten, tanzte er mit kleinen flutübermütigen Wellen. Der Maestro glaubte überall Fahnen unter dem hellen Himmel flattern zu sehen. War wieder ein Fest in der Stadt, heute an diesem ganz gewöhnlichen Dienstag nach Karneval? [...] Vendramin tauchte auf. Die fünf Doppelfenster in jedem Stockwerk

sahen golden in die Stunde. Die beiden mächtigen Rauchfänge stiegen wie kleine Türme in die kaltzitternde Luft. [...]
Das Portal stand weit offen. Im breiten Vorhaus war kein Mensch zu sehn, auch im Hof nicht. Der Maestro blickte sich um, dann trat er an eine große Glastür und zog die Klingel. Niemand schien zu hören. Die Hand, die den Glockenzug wieder ergriffen hatte, überlegte noch.
Da rannte ein Mann mit wuchtigem Lärm die Haustreppe hinab, riß die Tür auf und wollte, ohne Gruß, ohne Blick, wie von Sinnen an dem Maestro vorbei. Verdi hielt den Menschen fest, dessen Mund wie zu einem Schrei geöffnet war. [...] Der Maestro hielt seine Karte in der Hand.
»Ist Herr Wagner zu Hause? Ich bitte, ihm diese Karte zu übergeben.«
Der Türhüter sah lange verständnislos in das Gesicht des Besuchs, dann überwältigte ihn das Furchtbare, dessen Zeuge er vor einigen Minuten gewesen war. Seine Stimme stieß den Schrei aus, den sie zurückgehalten hatte:
»Herr Wagner!? Ah! Ah! Der Herr ist tot. Vor einer Viertelstunde ist der Herr gestorben. Ah! Der gute, gute Herr! Welch ein Elend!«

Es war der 13. Februar 1883, an dem Wagner im Palazzo Vendramin-Calergi starb. In dem heutigen Casino hatte er mehrfach Quartier genommen. Wagner spukt jetzt für immer als Gespenst durch Verdis Träume, doch nach dem Tod seines Konkurrenten beginnt der Maestro wieder zu komponieren, setzt sich mit Wagners Musik auseinander, bestimmt seine eigene neue Linie und entwickelt den *Otello*.

Spazierengehen ist Lesen, und Lesen ist Spazierengehen, die Musik, die Brodsky »Zwillingsschwester des Wassers« nennt, der treue Begleiter.

→ Zimmer ohne Wände

DIE BÜHNE GOLDONIS UND CASANOVAS

Teatro Goldoni/Teatro San Luca – Ca' Goldoni – Pasticceria Rosa Salva, Campo San Luca und Campo San Zanipolo (Campo dei Santi Giovanni e Paolo) – Museo del Settecento Veneziano, Ca' Rezzonico

Eine schöne junge Frau läßt sich von einem alten, nicht mehr sehr attraktiven Mann, der aber Geld und Einfluß hat, berechnend umgarnen. Das ist eine der feststehenden Konstellationen der Commedia dell'Arte, des italienischen Stegreiftheaters.

Im November 1734 gibt im Teatro San Samuele die sechsundzwanzigjährige Zanetta Casanova die Schönheit, den Alten spielt der ein Jahr ältere Carlo Goldoni (1707–1793), der das Schauspiel auch geschrieben hat. Eigentlich sind es zwei Stücke, die gleichzeitig zur Aufführung kommen: *Il Belisario*, eine Tragödie über den byzantinischen Kriegsherrn Belisar (500–565), und das musikalische Intermezzo *La Pupilla*, zu deutsch *Das Mündel*. Solche Intermezzi wurden um 1730 in Venedig populär; denn gerade in der Tragödie wollte das vergnügungssüchtige Publikum nicht auf Musik und leichte Unterhaltung verzichten. Ja oft waren die Zwischenspiele erfolgreicher als das eigentliche Stück. *La Pupilla* ist so ein Fall, das Publikum war hingerissen.

Zanetta Casanova war die Mutter von Giacomo Casanova (1725–1798). In seinen Memoiren beschreibt Goldoni sie als begabte Schauspielerin mit schöner Stimme. Das war die eine Voraussetzung für ein zufriedenes Publikum, doch fast noch wichtiger war ein zweiter Aspekt, den Goldoni befriedigte – Klatsch und Tratsch. Der Autor spickte das Stück mit unmißverständlichen Anspielungen auf die tatsächliche Liebschaft zwischen dem Leiter des En-

sembles Giuseppe Imer und der hinreißenden Zanetta, deren Mann (Giacomo Casanovas Vater) im Jahr zuvor gestorben war. Eine junge Schauspielerin, und eine junge Witwe zumal, versichert sich gerne der Gunst eines geistreichen und erfolgreichen Regisseurs – auch wenn er nicht als attraktiv galt. Über die Details der Liaison ließ sich das Publikum begierig unterrichten und fand darin noch über Tage Gesprächsstoff.

Klatsch ist sicher keine venezianische Besonderheit, doch führt die Topographie der Stadt dazu, daß jedermanns Privatleben für die Nachbarn wie auf einer Bühne zur Aufführung kommt. Der Psychoanalytiker Antonio Alberto Semi (*1944) hält diesen Mangel an *privacy*, wie er es in seinem Aufsatz »Venedig: die Metapher als Mittel zum Leben« nennt, für einen der wesentlichsten Momente, die das Zusammenleben in seiner Heimatstadt bestimmen: »Wie schön, durch eine Stadt zu wandeln, wohl wissend, daß du nach und nach alle Leute, die du kennst, treffen wirst; du kannst dann ein paar Worte wechseln und den Eindruck gewinnen, in einem Wohnzimmer ohne Wände zu leben.«

Auch die Schlafzimmer scheinen keine Wände zu haben. Der Frankfurter Schriftsteller Martin Mosebach (*1951) erzählt darüber in seinem Essay »Venedig mit fünf Sinnen wahrgenommen« unter dem Stichwort »Venedig hören« sehr anschaulich. Mosebachs Gastgeber, der retirierte Kapitän Rizzetto, wohnt in einem kleinen Haus im Sprengel San Samuele, im Sestiere San Marco, nicht weit von der Stelle, wo bis zu seinem Abriß 1894 das schon erwähnte Theater stand.

Das Erschrecken ist immer neu: Plötzlich höre ich, im Nebenzimmer zwei Männer sich mit tiefen Stimmen in gereiztem Ton

← Zu Casanovas Zeiten waren die Palazzi am Canal Grande Bühne abendlicher Vergnügungen – hell erleuchtet strahlt auch heute noch die Ca' Garzoni unterhalten. Nach einer Weile scheinen sich die beiden ins Parterre verfügt zu haben, das in Venedig, wo es keine Keller gibt, als Cantina dient. Der Raum ist dunkel und feucht, Rizzetto lagert Öl in Korbflaschen und seinen Wein darin, dazwischen liegt eine große ausgestopfte Suppenschildkröte. Die Vorstellung, daß Leute in das schlafende Haus eingedrungen sind und sich nun ungezwungen darin bewegen, lähmt mich. Aber als ich mich schließlich ins Treppenhaus wage, atmet alles wieder den tiefsten Frieden. Das Haus des Kapitäns Rizzetto steht wie ein großer Klangkörper, wie ein steinernes Cello in der Straßenzeile. Die Passanten lassen es mit ihren Schritten und Stimmen erklingen. Die Unterhaltung der beiden Männer dringt nun schon aus großer Entfernung herein. Die Stimmen bilden ihr eigenes Echo, das, allmählich zarter werdend, in der Nacht verflattert.

Jeder in der Gasse war Zeuge des kleinen Streits, und mancher dürfte die beiden Männer an ihren Stimmen erkannt haben. Mosebach, der Gast, ist nicht neugierig und bucht das Phänomen unter den Eigenheiten der venezianischen Geräuschkulisse ab. Semi, der Einheimische, analysiert, was es für das tägliche Leben heißt, ständig der Beobachtung seiner Mitmenschen ausgesetzt zu sein:

Auf die Dauer aber kann der vergebliche Versuch, nicht unbedingt jeden zu treffen und somit zu verhindern, daß alle erfahren, wo du gewesen bist, welchen Laden du betreten hast, mit wem du zusammen warst, als du über den Campo S. Stefano gegangen bist, bei wem du an der Tür geläutet hast, auch einen gewissen Verdruß hervorrufen, besonders bei jemandem, der eine strikte, geradezu materielle Vorstellung von *privacy* hegt.

So haben sich die Venezianer richtiggehende Codes zugelegt, um den Verlauf ihrer ständigen Begegnungen unter Kontrolle zu halten. Wenn sie jemanden treffen, den sie kennen, dem sie jedoch nicht begegnen wollen, so schatten sie mit der Hand den Blick ab und grüßen nicht. Wenn sie zwar grüßen, aber in kein Gespräch verwickelt werden möchten, dann schauen sie ihrem Gegenüber in die Augen, und nur wenn sie zudem mit geöffneten Armen auf jemanden zugehen, sind sie auch an einem Schwatz interessiert.

Bedenkt man die fehlende Privatsphäre, dann kommt auch der Maske, die im 18. Jahrhundert fast das ganze Jahr über getragen wurde – nur an einigen Feiertagen und um Weihnachten vom 16. bis 26. Dezember war das Maskentragen explizit untersagt – eine neue Bedeutung zu. Insbesondere der *bauta*, die ja keine eigene Figur darstellt: Dreispitz und schwarzes Seidentuch bedecken Kopf und Haare, die meist weiße Larve versteckt das Gesicht und garantiert ihrem Träger Anonymität.

Giacomo Casanova erzählt in seinen Memoiren, *Geschichte meines Lebens,* wie er im Schutz der Maske seine Spielchen inszeniert. Die Nonne M. M. aus dem Konvent Santa Giustina auf Murano – um den Reiz des Klatsches zu erhöhen, vielleicht aber auch aus echter Diskretion, nennt Casanova gelegentlich seine Geliebten nicht beim Namen – hatte ihm schriftlich eine Werbung zukommen lassen; als er anbeißt, zeigt sie ihm die kalte Schulter und vice versa. Um seine Verehrerin weiter zu brüskieren, versteckt er sich vor ihrem Boten, der ihn schließlich doch entlarvt: »Seit zehn Tagen sehe ich mir ganz genau jede Maske von Ihrer Figur an. Aber vergeblich. Jetzt erkenne ich allerdings Ihre Schnallenschuhe wieder, ich glaube aber, Sie haben heute einen anderen Rock an.« Am nächsten Tag wechselte er Schuhe und Maske »und konnte dann aller Nachforschung lachen«.

Die Geschichte meines Lebens reiht Liebesabenteuer an Liebesabenteuer. Sujet und dramaturgischer Aufbau sind dem Theater seiner Zeit näher als dem, was man landläufig unter einer Autobiographie versteht. Jede der Episoden ist wohlkomponiert, in sich abgeschlossen, in jedem Fall ausgeschmückt und wohl häufig erfunden. Casanova befriedigt das Bedürfnis des Publikums nach galanter Literatur. In seinen Memoiren läßt er den jugendlichen Liebhaber auftreten, die angebetete Schöne, mal willig, mal abweisend, die kluge Mittlerin, den Widersacher, den Arzt oder Quacksalber, den Casanova neben dem Liebhaber gern selbst gibt, und schließlich Boten und Personal, die geschickt in allerhand Intrigen hineingezogen werden. Klatsch ist es auch hier, der die Handlung vorantreibt. Prototypen sind die heute noch gespielten Stücke Goldonis *Il campiello* und *La bottega del caffè*. Das »zufällige« Auftauchen der üblichen Beteiligten an zwei viel frequentierten Orten – dem kleinen Platz oder dem Kaffeehaus – macht schon die ganze Handlung aus. Spannend wird es durch das Phänomen, das Antonio Alberto Semi beschreibt. Zwar gibt es in diesem Mikrokosmos kein Privatleben, aber doch möchte jeder seine kleinen Geheimnisse wahren. Manchmal macht der Zufall einen Strich durch die Rechnung und manchmal die Bosheit der anderen Beteiligten. Je gewitzter der Protagonist, desto besser kann er seine Interessen durchsetzen.

Goldonis heute meistgespieltes Stück *Der Diener zweier Herren* wurde 1746 in Venedig uraufgeführt. Es steht regelmäßig auf dem Spielplan des Teatro Goldoni, dem ehemaligen Teatro San Luca, für das Goldoni seit 1753 schrieb. Dieses Werk ist ein Meilenstein der Theatergeschichte, denn erstmals realisiert Goldoni seine Vorstellung einer modernen Komödie.

Worin bestand die Neuerung? Die handelnden Figuren sind nach wie vor die der Commedia dell'Arte. Bei dieser im 17. und 18. Jahrhundert in Italien weitverbreiteten Aufführungsform, die sich auch als »Commedia all' improviso alla Italiana« in ganz Europa durchsetzte, skizzieren Masken die Funktionen der Rollen; das Stück selbst wird im Rahmen fester Handlungsschemata improvisiert. Der Erfolg hängt von der Fähigkeit der Schauspieler ab,

Tempo zu machen und Pointen zu setzen. Goldoni schrieb diesen Figuren nun erstmals einen verbindlichen Text auf den Leib. Die Schauspieler sollten – ohne Masken – Charaktere spielen und nicht mehr wie bisher plakative Typen. Die Komödie ergibt sich aus der gekonnten Gegenüberstellung widersprüchlicher Interessen und nicht aus der zufälligen Aneinanderreihung von Witzen. Später tastete Goldoni auch das Personal an und verzichtete auf Adel und höhere Stände. 1786 hat Goethe in Venedig die Gelegenheit, ein Stück von Goldoni zu sehen, und schreibt begeistert:

Nun endlich kann ich denn auch sagen, daß ich eine Komödie gesehen habe! Sie spielten heut' auf dem Theater St. Lukas »Le Baruffe Chiozzotte«, welches allenfalls zu übersetzen wäre: »Die Rauf- und Schreihändel von Chiozza«. Die Handelnden sind lauter Seeleute, Einwohner von Chiozza, und ihre Weiber, Schwestern und Töchter. Das gewöhnliche Geschrei dieser Leute im Guten und Bösen, ihre Händel, Heftigkeit, Gutmütigkeit, Plattheit, Witz, Humor und ungezwungene Manieren, alles ist gar brav nachgeahmt. Das Stück ist noch von Goldoni, und da ich erst gestern in jener Gegend war und mir Stimmen und Betragen der See- und Hafenleute noch im Aug' und Ohr widerschien und widerklang, so machte es gar große Freude, und ob ich gleich manchen einzelnen Bezug nicht verstand, so konnte ich doch dem Ganzen recht gut folgen. [...]
Der glücklichste Gedanke jedoch ist in einem Charakter ausgedrückt, der sich folgendermaßen darstellt.
Ein alter Schiffer, dessen Gliedmaßen, besonders aber die Sprachorgane, durch eine von Jugend auf geführte harte Lebensart stockend geworden, tritt auf als Gegensatz des beweglichen, schwätzenden, schreiseligen Volkes, er nimmt immer erst einen Anlauf durch Bewegung der Lippen und Nachhelfen der Hände und Arme, bis er denn endlich, was er gedacht, herausstößt. Weil ihm dieses aber nur in kurzen Sätzen gelingt, so hat er sich

einen lakonischen Ernst angewöhnt, dergestalt, daß alles, was er sagt, sprüchwörtlich oder sententios klingt, wodurch denn das übrige wilde, leidenschaftliche Handeln gar schön ins Gleichgewicht gesetzt wird. Aber auch so eine Lust habe ich noch nie erlebt, als das Volk laut werden ließ, sich und die Seinigen so natürlich vorstellen zu sehen. Ein Gelächter und Gejauchze von Anfang bis zu Ende. Ich muß aber auch gestehen, daß die Schauspieler es vortrefflich machten. Sie hatten sich nach Anlage der Charaktere in die verschiedenen Stimmen geteilt, welche unter dem Volke gewöhnlich vorkommen.

Goldoni wurde 1707 als Sohn eines Arztes geboren. In seinem Geburtshaus, der Ca' Goldoni, dem spätgotischen Palazzo Centani mit seinem schönen Brunnenhof in der Calle dei Nomboli in San Toma, ist heute ein theaterwissenschaftliches Institut mit Bibliothek und ein Museum untergebracht. Die kleine, liebevoll präsentierte Ausstellung bebildert Leben und Wirken des Theatermannes. Die angeschlossene Buchhandlung ermöglicht einen internationalen Blick auf die Publikationen zum Thema. Goldoni studierte Philosophie und Jura, arbeitete dann auch einige Jahre als Anwalt. Doch sein Herz schlug schon während dieser Jahre für das Theater. 1734 ergab sich für ihn die Möglichkeit, für Giuseppe Imers Ensemble zu schreiben. Im Sommer zog er mit der Truppe durchs Land, im Winter gastierten sie in Venedig. Bereits zu dieser Zeit versuchte er immer wieder seine Ideen zur Veränderung der Commedia dell'Arte durchzusetzen, scheiterte jedoch am Widerstand der Schauspieler. So ließ er sich wieder als Anwalt nieder. Doch dann bat ihn der erfolgreiche venezianische Schauspieler Antonio Sacchi, genannt Trufaldino, ein Stück zu schreiben, dessen Hauptrolle ganz auf ihn zugeschnitten war. So entstand in langen Nächten – tagsüber kümmerte sich Goldoni um seine Rechtsfälle – *Der Diener zweier Herren*. Der erste Herr ist Beatrice, die als Mann verkleidet unter dem Namen ihres Bruders aus Turin nach Venedig reist. Sie sucht ihren Geliebten Florindo, der von zu Hause floh, weil er eben diesen Bruder in einem Streit umgebracht hat. Der Diener Trufaldino bietet ihr seine Dienste an. Doch da Beatrice schlecht zahlt, tritt dieser, als sich die Gelegenheit ergibt, zusätzlich in den Dienst Florindos. Die Liebenden wissen nichts von dieser Konstellation. Trufaldino wiederum weiß nicht, daß sie einander suchen.

TRUFFALDINO *(allein)*: Oh, das ist lustig! Wie viele gibt es nicht, die einen Herrn suchen, und ich habe gleich zwei. Aber was Teufel soll ich machen? – Ich kann ja nicht beide bedienen. – Nicht? – warum nicht? – Wenn ich beiden aufwarte, so werd ich auch doppelt bezahlt und bekomme doppelt zu essen. – Und wenn's herauskommt – was verlier ich? Nichts. Wenn mich einer fortjagt, so bleibe ich bei dem andern. So wahr ich ein ehrlicher Kerl bin, ich will's versuchen. Und sollte es auch nur einen Tag dauern. Nur zu, nur zu!

Der Zufall will es, daß beide Herren im gleichen Gasthaus absteigen. Die erste Hürde ist das Mittagessen. Doch zu Trufaldinos Erleichterung wollen sie es nicht im Gastraum einnehmen, sondern jeder auf seinem Zimmer. Mit dem Wirt Brighella, in der deutschen Bearbeitung des Hamburger Theaterdirektors Friedrich Ludwig Schröder (1744–1816) »Tebaldo« genannt – so wie Trufaldino auch um ein »f« bereichert wurde – bespricht er die Speisenfolge:

TEBALDO: Wir wollen zwei Gänge machen, jeden von vier Gerichten.
TRUFFALDINO *(für sich)*: Er hat gesagt fünf oder sechs Gerichte. Sechs oder acht ist wenig Unterschied. *(Laut)* Auch gut. Und worin werden diese Gerichte bestehen?
TEBALDO: Im ersten Gange wollen wir eine Suppe geben, Rindfleisch, Fische und ein Frikassee. [...]

Im zweiten wollen wir geben eine Fleischpastete, Braten, Salat und einen Pudding.

TRUFFALDINO: Das letzte kenne ich wieder nicht. Was ist das, ein Puddeling?

TEBALDO: Pudding! Ein sehr gutes englisches Gericht.

Als der Pudding dann bereit steht, ist Trufaldino erst vom Duft und – nachdem er heimlich probiert hat – vom Geschmack so begeistert, daß er beschließt, ihn selbst zu essen.

Buddelin oder *budino* gehört heute zu den einheimischen Spezialitäten. Den besten Pudding – kleine gestürzte Grießkegel – gibt es in der Pasticceria Rosa Salva, einer venezianischen Institution am Campo San Luca und am Campo San Zanipolo. Für die bei Rosa Salva angebotenen Leckereien läuft so mancher Einheimische regelmäßig größere Umwege, denn Essen ist nicht nur Trufaldinos größte Leidenschaft, das Leben der meisten Venezianer dreht sich beständig ums Essen. Da trifft man im Vaporetto auf vier Männer, die sich leidenschaftlich darüber unterhalten, wie man die beste *pasta e fagioli*, eine dicke Bohnensuppe mit selbstgemachten breiten Nudeln, zubereitet. Da beschreibt am Nebentisch in einem Caffè eine Tochter ihrer Mutter in allen Farben, was sie am Wochenende in einem Landgasthof für Genüsse serviert bekommen hat. Wer einige Tage lang die Ohren spitzt, wird hören: Essen ist ein unerschöpfliches Thema.

Auch in Giacomo Casanovas Erinnerungen spielt diese Sinnenlust eine große Rolle. Daß Casanova seine erotischen Abenteuer zelebrierte, ist bekannt, und nicht minder aufwendig inszenierte er die Mahlzeiten vor, während und nach dem Liebesspiel. Als Casanova und M.M. der (Vor-)Spielchen überdrüssig sind – und endlich doch eine Verabredung zustande kommt, stellt sich vor dem Essen die Frage nach einem geeigneten Ort für die Zusammenkünfte. Üblicherweise zogen sich die venezianischen Nobili in ihr *casino* zurück; Räume in und um die Prokuratien, die ursprünglich als Umkleidezimmer für die Sitzungen des großen Rates gedacht waren, da die Adeligen dort in einer schwarzen Toga erscheinen mußten. Doch schon bald wurden diese Räume zu geselligen Treffpunkten, und im 18. Jahrhundert kamen diese Wohnungen verheirateter und lediger Männer – und auch manche Frau soll über ihr *casino* verfügt haben – in Mode und waren in der ganzen Stadt zu finden, eine luxuriöser als die andere.

Nachdem das Glücksspiel in Venedig ein beliebter Zeitvertreib war, wurde hier auch gespielt. Synonym für den Ort des Spiels wurde das Casino aber erst, als der Rat der Zehn im Jahr 1774 den *ridotto*, den Spielsalon, schloß. Marco Dandolo hatte ihn 1638 in seinem Palazzo in San Marco in der Calle Vallaresso eingerichtet. Im *ridotto* war das Tragen der *bauta* Pflicht – Glück und Unglück sollten kein Gesicht haben. Knapp hundertfünfzig Jahre später hatten sich hier zu viele angesehene Familien ruiniert, so daß der Rat beschloß, diese Ausschweifung zu unterbinden. Doch wie immer in solchen Fällen nahm nach dem Verbot das Glücksspiel nicht ab, sondern wurde um so exzessiver im Schutz der *casini* betrieben. Casanova beschreibt, wie er sich knapp zwanzig Jahre zuvor, um 1753, für sein Stelldichein, ein *casino* mietet.

Ich hatte keine Zeit mehr zu verlieren, denn ich hatte ja noch gar kein Kasino. Ich nahm einen zweiten Ruderer an und war in weniger als einer Viertelstunde auf dem Markusplatz. Dann machte ich mich sofort auf die Suche. Ich mußte daher fünf oder sechs Stunden Häuser besichtigen, um ein Kasino zu finden, wie ich es wünschte. Es war das schönste in ganz Venedig und dessen Umgebung; dafür war es natürlich auch das teuerste. Es hatte dem englischen Gesandten Lord Holderness gehört, der es seinem Koch um billigen Preis überlassen hatte, als er von Venedig fortging. Der neue Besitzer vermietete es mir bis Ostern für hundert Zechinen, die ich ihm im voraus zahlte, unter der Bedingung, daß er persönlich mir die Diners und Soupers herstellte, die ich bei ihm zu bestellen Lust hätte.

Ich hatte fünf Zimmer, die im besten Geschmack ausgestattet waren, und alles schien darauf berechnet zu sein, der Liebe, dem Vergnügen und den Freuden der Tafel zu dienen. Das Essen wurde durch ein blindes Fenster ins Speisezimmer gereicht; es war in die Wand eingelassen und mit einem drehbaren Speisenträger versehen, der die Öffnung genau ausfüllte, so daß Herrschaft und Bedienung sich nicht sehen konnten. Dieser Speisesaal war mit prachtvollen Spiegeln, mit Kronleuchtern aus Bergkristall und mit Wandleuchtern aus vergoldeter Bronze geschmückt; ein herrlicher Standspiegel befand sich über einem Kamin aus weißem Marmor, der mit kleinen Vierecken aus chinesischem Porzellan ausgelegt war, worauf nackte Liebespaare in allen möglichen, die Phantasie entflammenden Stellungen abgebildet waren. Elegante und bequeme Sofas standen rechts und links vom Kamin. Nebenan befand sich ein achteckiges Zimmer, dessen Wände, Fußboden und Decke ganz und gar mit den schönsten venezianischen Spiegeln belegt waren, so daß das Liebespaar, welches dieses Gemach benutzte, alle seine Stellungen hundertfach vervielfältigt sah. [...]

Zur bestimmten Stunde, um acht Uhr abends, begab ich mich nach meinem Kasino; man kann sich kaum vorstellen, was für ein erstauntes Gesicht der französische Koch machte, als er mich allein ankommen sah. Da ich nicht alles erleuchtet fand, wie ich's befohlen hatte, machte ich ihm harte Vorwürfe und bedeutete ihm, daß ich es nicht liebte, etwas zweimal sagen zu müssen.

»Ein anderes Mal werde ich nicht verfehlen, die Anordnungen von Monsieur genau auszuführen.«

»Tragen Sie das Essen auf.«

»Monsieur haben für zwei bestellt.«

»Servieren Sie für zwei, und seien Sie für dieses Mal bei meiner Mahlzeit zugegen, damit ich Ihnen sagen kann, was ich gut oder schlecht finde.«
Das Essen kam durch das Drehfenster in guter Ordnung herein, immer zwei Schüsseln zu gleicher Zeit. [...]
Nach einer Mahlzeit, die zwei Stunden dauerte und mir die Bewunderung meines Wirtes erwecken mußte, verlangte ich von ihm die Rechnung. Er brachte sie mir eine Viertelstunde später, und ich fand sie vernünftig. Ich entließ ihn und legte mich in das prachtvolle Bett, das im Alkoven stand. Das ausgezeichnete Abendessen verschaffte mir bald den süßesten Schlaf, der ohne Wirkung des Burgunders und Champagners mich wahrscheinlich würde geflohen haben, weil ich dann immerzu daran hätte denken müssen, daß ich die nächste Nacht an demselben Ort eine Göttin in meinem Besitz haben sollte.

Wer in die Welt Casanovas eintauchen will, der gehe in das Museo del Settecento Veneziano in der Ca' Rezzonico (*il Settecento* meint unser 18. Jahrhundert – die Italiener zählen die Jahrhunderte nicht auf, sondern die verkürzte Jahreszahl (Tausend-)Siebenhundert, '700, ist die Bezeichnung der Epoche). Der Reiz dieses Museums besteht zum einen in der Möglichkeit, durch fast alle Gemächer eines Palazzos zu spazieren und dessen Struktur zu studieren. Allerdings war dieser Palazzo – Baldassare Longhena (1598–1684) entwarf ihn 1667 – nicht länger auch als Handelshaus mit Lagern und Kontoren gedacht, sondern allein der Wunsch nach Repräsentation und Vergnügen bestimmt die Architektur. Hier bietet sich auch eine der wenigen Gelegenheiten, aus Fenstern auf den Canal Grande zu schauen oder seinen Blick aus den obersten Geschossen über die Dächer des Dorsoduro schweifen zu lassen. Ohne Eintritt zugänglich, ist der idyllische Garten mit Bänken und Kinderspielplatz eine der wenigen öffentlichen grünen Oasen der Stadt. Reizvoll ist zudem, daß für die Ausstattung des Palazzo 1936 aus der ganzen Stadt Möbel, Lampen, Glas, Fayencen, Porzellan, Figuren und Gemälde aus dem 18. Jahrhundert zusammengetragen wurden. Die Objekte beeindrucken nur bedingt durch Schönheit, vieles ist nach heutigen Maßstäben überladen, aber alles ist authentisch und eine perfekte Illusion der Schilderungen Casanovas. Der erste Stock mit dem Ballsaal ist vielleicht zu prunkvoll, um als Casanovas *casino* herzuhalten. Der zweite Stock hingegen, wo die Decken niedriger, die Räume kleiner sind, strahlt die beschriebene luxuriöse Intimität aus: Da sind die Spiegel mit den Kerzenhaltern, die das Licht tausendfach wiedergaben, und die wärmenden Kamine, da sind die Chinoiserien, die damals groß in Mode waren. Etwas versteckt liegt der Alkoven – die Wiege jedoch hätte Casanova in die Flucht getrieben. Und der Höhepunkt der Zeitreise sind zwei Bilder in der *sala de parlatorio* von Francesco Guardi (1712–1797): die Spieler im Ridotto und der Sprechraum der Nonnen von San Zaccaria – unter ähnlichen Umständen stattete Casanova der Nonne M. M. den ersten Besuch ab. Weitere Einblicke in die Vielzahl der Vergnügungen geben etwa dreißig Genrebilder von Pietro Longhi (1702–1785), mit dem sich der Kreis schließt: Longhis Szenen sind wiederum Spielarten von Goldonis Inszenierungen.

Im dritten und vierten Stock der Ca' Rezzonico ist die Pinacoteca Egidio Martini untergebracht, eine Sammlung venezianischer Malerei mit Schwerpunkt auf dem 17. und 18. Jahrhundert. Doch das Interessanteste hier oben ist eine Farmacia aus dem Settecento. Riesige Destillierkolben, Mörser und anderes Gerät zur Herstellung verschiedenster Arzneien. Diese zwei Räume mit ihren schweren Holzeinbauten und dem groben Terracottaboden zeugen nicht von Prunk und Vergnügen, sondern von einem alltäglicheren Leben – durchaus in Wohlstand, aber nicht gefeit gegen Schicksalsschläge.

Dem traurigen Niedergang einer Adelsfamilie im Settecento – obwohl sie sich dem Geschäft und nicht dem Spiel verschrieben hatte – spürt Fulvio Tomizza (1935–1999) in seinem 1989 erschienenen Roman *Die venezianische Erbin* nach. Der Schriftsteller wurde in Giurizzani/Istrien geboren, lebte später in Triest und ist einer der wichtigsten italienischen Autoren des 20. Jahrhunderts; sein Werk hat allerdings den Weg nach Deutschland nicht so recht gefunden.

Aus demselben Dorf wie Tomizza stammt der 1720 geborene Wissenschaftler und Historiker Gianrinaldo Carli. Mitte des 18. Jahrhunderts heiratet er die reiche Erbin Paolina Rubbi. Die eigenwillige Paolina hatte lange nach einem Mann gesucht, der nicht hinter ihrer Mitgift her ist, sondern gleichberechtigt mit ihr die vielfältigen Geschäfte der Familie betreibt. Doch die Ehe dauert nur zwei Jahre, dann stirbt Paolina, wie der Rest ihrer Familie zuvor, an Tuberkulose. Carli dokumentierte die Jahre seiner Ehe, sein Glück, die Sommerfrische in der Villa unweit der Brenta, aber auch Vertragsangelegenheiten, Erbstreitigkeiten, die permanente Bedrohung durch die Krankheit und die Wut über das Versagen der Ärzte – diese Aufzeichnungen dienten Tomizza als Grundlage für seinen Roman.

Doktor Scovolo fand die Patientin spätabends verstörter denn je. Er verordnete den Aderlaß, zwar gegen die Meinung des Conte, aber von diesem noch unbehindert, dank dessen »Angst zu irren«. Die Lichter in den anderen Häusern wurden gelöscht, die Stimmen auf der Straße verstummten allmählich, nur über die drei brach die Nacht lauernd herein, mit ihren Geräuschen, die im Haus noch unheimlicher klangen, und ließ die Sekunden zu Minuten gerinnen.
Man holte den Chirugen, der Hausherr wartete in einem anderen Raum.
Als der Operateur aus dem Krankenzimmer kam, eilte Carli mit fragendem Blick auf ihn zu. »Wehren sie weiteren Aderlassen«, flüsterte jener. »Sie hat kein Blut mehr. Ich habe eine Vene bei

ihr geöffnet, aber es kam kein Tropfen heraus. Der Arzt verlangte, daß die Ader am großen Zeh geöffnet werde.«
Als der Conte in Paolinas Zimmer trat, fiel sein Blick sofort auf drei blutgefüllte Gefäße am Fußende des Bettes. Die Gattin, bleich und reglos, schien vom Leben Abschied genommen haben, so daß er ihr keine Ruhe gönnte, sondern auf jegliche Weise versuchte, sie wieder zu Bewußtsein zu bringen – und es dauerte drei Stunden, bis ihm dies gelang.

In sprödem Ton, doch mit viel Interesse für die Lebensumstände seiner Protagonisten, schildert Tomizza die andere Seite des Settecento. Wenn auch erst im Novecento geschrieben, so rundet die *Venezianische Erbin* das Bild von Goldonis und Casanovas Jahrhundert ab. Um in der Diktion des Theaters zu bleiben: Gianrinaldo Carli erlaubt einen Blick hinter die Kulissen.

→ Eisiges Januarpanorama

Schlaglichter auf das kulturelle und politische Klima in den Jahren nach dem Zweiten Weltkrieg

Campanile di San Marco – »Orfeo« von Claudio Monteverdi – Riva dei Sette Martiri – Archivio Luigi Nono, Giudecca – »Intolleranza 1960« von Luigi Nono – »Prometeo« von Luigi Nono und Massimo Caccari – San Lorenzo – Mestre – Burano

Die ersten Gastarbeiter, die 1955 in die Bundesrepublik kommen, sind Italiener. Viele stammen aus dem Süden, aber auch im Norden Italiens treibt die Arbeitslosigkeit Männer zum Geldverdienen über die Alpen. Die Deutschen entdecken als Urlauber in diesen Jahren »Bella Italia«. Mit dem Motorroller oder der Isetta reisen sie nach Bibione, an den Gardasee und nach Capri oder, wenn es kulturell anspruchsvoller sein soll, nach Rom, Florenz und Venedig. Besonders nahe kommt man sich weder bei VW noch beim Chiantiwein.

Gesellschaft und Politik, Alltags- und Hochkultur der westlichen Siegermächte USA, England und Frankreich sind Teil des neuen deutschen Selbstbewußtseins geworden. Italien hingegen ist weitgehend *terra incognita*. Das Desinteresse gegenüber dem Land, wo die Zitronen blühn, ist neu: Berührungsängste mit einer Nation – nicht mit deren touristischen Angeboten –, deren jüngere Geschichte zu viele Parallelen mit der eigenen gescheiterten Geschichte aufweist.

Alfred Anderschs (1914–1980) Roman *Die Rote* spielt im winterlichen Venedig 1958/59. Es ist ein schreckliches Buch. Es ist ein wunderbares Buch. Andersch, ein Virtuose des Hörspiels, dem Musik und Ton sehr nahestanden, komponiert den Roman als Doppelfuge mit einigen Zwischenspielen. Er erzählt vier Tage im Leben der Düsseldorferin Franziska Lukas, »der Roten«, und des

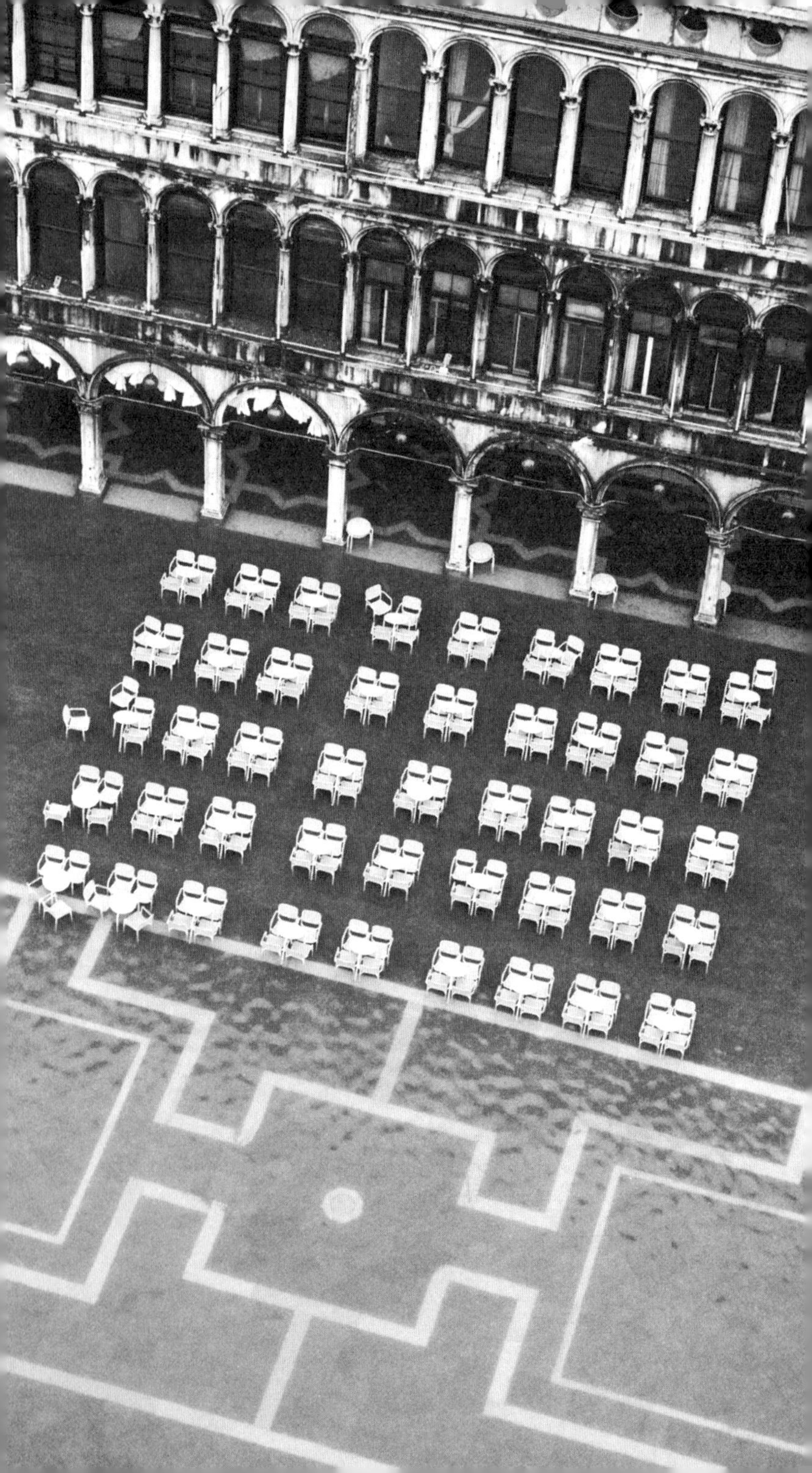

Venezianers Fabio Crepaz, ihrer Gegenstimme. So sind im Grunde zwei eigenständige Erzählungen entstanden. Man würde es sich zu leicht machen, wenn man die eine als mißraten und die andere als gelungen bezeichnen würde, doch es ist in erster Linie die Figur der Franziska, die Unmut aufkommen läßt.

»Ich bin Dolmetscherin«, sagte Franziska. »Italienisch, Englisch, Französisch, Deutsch. Außerdem Stenographie, Maschine und alle Sekretariatsarbeiten. Glauben Sie, daß ich eine Stellung bekommen kann? Entweder bei Ihnen oder irgendwo sonst in Venedig?«
»Nicht bei uns,« sagte er. »Nicht in der ganzen Hotelbranche, im Winter, in Venedig.« Er hatte seine Stimme nicht um die geringste Nuance verändert. *Er ist sicherlich der erfahrenste und souveränste Hotelportier, den es in ganz Venedig gibt. Er läßt nicht plötzlich die Maske fallen, wenn er entdeckt, daß er eine Bittstellerin vor sich hat, nicht eine gutsituierte Touristin.* »Wir haben unser Saison-Personal schon Ende Oktober entlassen«, sagte er, »und die Hälfte des Hotels ist überhaupt geschlossen.«
»Ich verstehe«, sagte Franziska.
»Dabei ist die Hotelbranche hier fast die einzige Branche, die für Sie in Frage kommt, Signora«, sagte der Chefportier. »Es gibt wenige Branchen, die Reise- und Schiffahrtsbüros arbeiten im Winter auch nur halb.« *Er ist nicht nur freundlich, er will wirklich helfen, er sagt sogar immer noch »Signora«.*

Franziska hat das deutsche Wirtschaftswunder, in Gestalt zweier wohlhabender und selbstgefälliger Männer, satt. Der eine ist ihr Ehemann, mit dem sie sich auf Geschäftsreise in Italien befindet, der andere dessen Chef und ihr Geliebter. Sie ist schwanger, doch

← Winterlicher Blick vom Campanile San Marco auf die vom Hochwasser überspülte Piazza

ihr Mann will das Kind nicht, weil er nicht sicher sein kann, daß er der Vater ist. Sie setzt sich in Mailand in den erstbesten Zug und landet in Venedig. Ihre Mittel beschränken sich auf das, was sie zufällig in der Geldbörse hat.

Als Franziska die Absurdität ihrer Flucht auffällt, relativiert sie ihre Beweggründe sogleich, weil sie unter dem »Zwang eines großen Impulses« steht. Sie denkt darüber nach, daß es eine vernünftige Lösung wäre, zu Freunden nach München zu gehen, doch »ich weiß schon, was nach der Lösung kommt, nach der Lösung kommt die Langeweile, die süße Appartement-Wohnung, das hohe Gehalt, die falsche Ordnung und die falsche Sauberkeit, der Mangel an Ideen, der Mangel an Leidenschaft, nicht einmal das Kind wird mich vor der deutschen Langeweile bewahren, vor dem Land ohne Geheimnisse, ich bin nicht die Frau, die nur noch ihr Kind sieht«. So soll aus einem persönlichen Melodram ein politisches Drama werden: Deutschland – ein Land in dem man nicht leben kann, weil es … langweilig ist.

Andersch selbst ist 1958 in die Schweiz umgesiedelt und sah das als Emigration. Arno Schmidt hatte schon in seiner Rezension zu Anderschs Erfolgsroman *Sansibar oder Der letzte Grund* geschrieben: »Eine sachlich unwiderlegbare Anklage gegen Deutschland. Unterricht in (ja, fast eine Anleitung zur) Flucht aus Protest. Ein Mißtrauensvotum ersten Ranges gegen unser behäbig-aufgeblasenes ›Volk der Mitte‹.«

In Briefen, Aufsätzen und Hörspielen wendet sich Andersch gegen die Politik Adenauers, die »Demokratie der schmutzigen Hände«, das KPD-Verbot und die Wiederbewaffnung. An all das mag er gedacht haben, als er die Figur der Franziska schuf, doch die Gründe, die er für Franziskas Bruch mit Deutschland angibt, sind, auch wenn sie sich politisch motiviert gebärden, letztlich privater Natur.

Andererseits: Mit der Entschlossenheit Franziskas hat sich Andersch die Möglichkeit eröffnet, Venedig nicht mit den Augen einer Touristin und auch nicht durch die Brille einer Peggy Guggenheim (die 1951 ihren Wohnsitz in die Stadt verlegte) zu sehen, sondern mit dem entzauberten Blick eines Menschen, der hier leben und arbeiten muß – und das zu einer Zeit, in der die Bedingungen hart sind. Diese Entzauberung führt zu einer sehr nuancierten Wahrnehmung, kaum ein anderer Autor hat die winterliche Stadt so schön und treffend beschrieben:

Als sie aus der Kabine des Aufzugs trat, mußte sie den Kragen hochklapppen und sich in ihrem Mantel vergraben, weil der Ostwind von schneidender Stärke war. Sie fand eine Nische, neben einer der Glocken, in der sie geschützt stehen konnte, wenn auch frierend und geblendet. Erst nach einigen Sekunden wagte sie es, die Augen zu öffnen; sie erblickte das Meer. Von dieser Höhe aus war das Meer eine hohe Wand, deren oberer Rand, der Horizont, dunkler war als der Himmel, dunkel und ohne feste Grenze, der Horizont der Adria war an diesem Morgen ein schieferfarbenes, durchleuchtetes Gewölk, aus dem Gewölk entwickelte sich die Fläche des Meeres in eine graue Lasur, unter der Violett lag, gegen das Land zu hellere Tinten, hauptsächlich ein fast süßes Lila, aber immer der graue leuchtende Lack darüber, das Land war der Lido, wie mit dem Bleistift gezogen, von der sichersten Hand in die Karte eingetragen, eine gezeichnete Linie zwischen dem Schiefer-Meer, dem Opal-Meer und der silbern blendenden Lagune.
Weil die Lagune sie blendete, wandte Franziska sich um, dorthin, wo der Himmel sich in reinstem Ultramarin wieder zur Erde senkte; wo er sie berührte, lag ein Streifen aus schneeweißen Wolken, *aber das sind ja gar keine Wolken, das sind die Berge, das ist der Schnee der Dolomiten,* überrascht nahm sie die Gipfel wahr [...] *Was für eine Sicht!, nie war ich auf dem Campanile, ich bin dumm gewesen, aber vielleicht war nie ein so einzigartiger Morgen, früher, während meiner früheren Venedig-Besuche, und vielleicht*

hat es heute geschehen müssen, daß ich hier herauf komme, es war mir aufbewahrt, dieses Panorama von der Adria bis zu den Alpen, das Campanile-Panorama, das Touristen-Panorama, geht es mich eigentlich etwas an?, merkwürdig, ich habe das Gefühl, daß es mich etwas angeht, es ist das berühmte Touristen-Panorama, aber dennoch ist es ganz unabgenutzt, das eisige Januar-Panorama, die Vogelperspektive, winterwinddurchströmt, das Cosmorama, ultramarintief und golden.

Hier oben auf dem Campanile von San Marco kreuzen sich für einen Augenblick die Wege der rothaarigen Franziska und Crepaz'. Fabio ist Violinist am Gran Teatro La Fenice. Ebenso wie Franziskas Dialoge sind auch die seinen Zwiegespräche mit sich selbst. Doch während Franziska die Stadt von außen betrachtet, reflektiert Crepaz ihre innere Befindlichkeit – das politische Klima im Venedig der Nachkriegsjahre:

Fabio Crepaz blätterte mißmutig in der Partitur des »Orfeo«, er hatte die Violine abgesetzt und stocherte mit dem Bogen in den Saiten herum [...], technisch war alles in Ordnung, aber er wußte, daß Massari am Montag vormittag, auf der Probe vor der Generalprobe, abklopfen und ihn gequält und theatralisch anblicken würde: »Stile concitato«, würde er jammern, »wie oft soll ich es Ihnen noch sagen, Crepaz? Sie bringen alles so ... so ...«, er würde nach Worten ringen, »... so resignierend!« [...] »Meine Herren«, würde er dozieren, sich mit großer Geste an das Orchester wendend, »bedenken Sie, daß das Concitato, der leidenschaftliche Stil, Monteverdis eigentliche Erfindung ist. Vor ihm gab es nur das Lieblich-Anmutige und das Gelassene, molle und moderato, aber den kriegerischen Ausdruck, das Kämpferische, den Zorn, hat er als erster für die Musik entdeckt.« [...] Während er mit dem Violinbogen die Seiten der »Orfeo«-Partitur umwendete, dachte Fabio darüber nach, ob er wirklich alles so

»resignierend« spiele, wie der Dirigent sich ausdrückte, ob das Gefühl, das ihn beherrschte, wahrhaftig Resignation genannt werden konnte. War er resigniert, weil er beinahe fünfzig Jahre alt war, weil er nicht geheiratet hatte, weil er als Geschlagener aus einigen revolutionären Aktionen zurückgekehrt war, aus dem Spanienkrieg, aus dem Partisanenkampf, heimgekehrt nach Venedig, weil er in seinem Beruf untergetaucht war, ein Geiger im Orchester der Fenice-Oper, ein ehemaliger Bataillonskommandeur in der Internationalen Brigade »Matteotti«, der Führer der Partisanenbewegung im Raum Dona di Piave [Veneto], und nun ein Mann, der sich nicht mehr beteiligte, irgendein Mensch, der sehr ordentlich Violine spielte, wenige Freunde hatte, die er aber nicht zu Hause traf, sondern gelegentlich, nach dem Theater, in der Bar bei Ugo. [...]
War er resigniert, weil er das Concitato nicht mehr für sehr wichtig hielt? Was hielt er denn für wichtig? Klares Denken hielt er für wichtig, und klares Denken führte zu dem Ergebnis, daß die revolutionären Bewegungen, an denen er sich beteiligt hatte, verlorengegangen und wahrscheinlich sogar vergeblich gewesen waren. Nicht sinnlos, aber vergeblich. Es war so weit gekommen, daß die Leute, die eine revolutionäre Änderung der Verhältnisse angestrebt hatten, sich heute überhaupt nicht mehr verständlich machen konnten. Sie waren aus der Mode gekommen, im besten Falle hielt man sie für verschrobene Idealisten, die neueste Mode des Jahrhunderts hieß Zynismus, es war chic, Geld zu verdienen und zynisch zu sein, in einer solchen Zeit hielt man am besten den Mund und wartete, kein Bedarf für Massaris Pathos vom Kämpferischen, vom Zorn. Stile concitato war schlechter Stil.

Den ehemalige Wiederstandskämfer Crepaz haben die politischen Auseinandersetzungen zermürbt. Seines Amtes müde ist auch Professor Bertaldi, Gefährte Crepaz' in der Resistenza und Bürgermeister von Venedig:

Bertaldi blickte aus einem der Fenster seines Arbeitsraumes in der Marciana auf die Piazzetta. Eine Hundertschaft Polizei in Paradeuniformen war vor dem Dogenpalast angetreten, die Männer standen schweigend in Rührt-euch-Stellung, während sich eine Menge Leute auf dem Platz ansammelten. Das Wetter war sonnig und festlich. Gronchi hat schönes Wetter, dachte Fabio, wie es sich gehört für einen Staatsbesuch des Präsidenten der Republik.
»Gronchi weiß schon Bescheid«, erzählte Bertaldi. »Er weiß, daß sein Empfang heute eine meiner letzten Amtshandlungen ist. Nach dem Essen wird er versuchen, ein paar Leute von den Liberalen und den Katholiken umzustimmen – natürlich vergeblich.« [...]
Der Siebzigjährige hielt sich jeden Morgen von sieben bis neun Uhr in seinem Arbeitsraum in der Marciana auf, wo er den Tag mit Meditationen und Gesprächen begann, ehe er sich zu seiner Arbeit in den Gran Consiglio begab, der Regent Venedigs, der Doge, wie Fabio ihn für sich spöttisch und verehrend nannte, ein würdiger Nachfolger der Foscari und Dandolo.
Natürlich war Fabio von Bertaldis Mitteilung nicht überrascht. Die Nachrichten darüber, daß die Ära von Bertaldis Koalition zu Ende ging, standen seit ein paar Wochen in allen Zeitungen. Ein großer Mann, dachte Fabio, ein Mann, der alles war: Christ, Marxist, Liberaler, Konservativer – ein Parteiloser, der im Gran Consiglio eine Koalition aus Kommunisten, Sozialisten und christlichen Demokraten zustande gebracht hatte, über die er einige Jahre geherrscht hatte und die nun auseinanderfiel, weil die Fraktionen ihre Vertreter zurückpfiffen.

Armando Gavagnin, Venedigs realer Bürgermeister, der nach gut zweijähriger Amtszeit, im November 1958, zurückgetreten war, könnte für Professor Bertaldi Pate gestanden haben. Seine Koalition wurde ebenso ausgebremst wie die Bertaldis. Und es gibt weitere Parallelen: Gavagnin kämpfte bereits in den 20er Jahren an der

Universität Venedigs vergeblich gegen den Faschismus. Zwei Dekaden später schloß er sich den Partisanen an. Seine Sektion des liberal-sozialistischen Partito d'Azione kontrollierte gemeinsam mit den Kommunisten die Region rund um den Piave. Seinen politischen Kampf dokumentierte er 1957 in seinem Werk *20 Jahre Widerstand gegen den Faschimus*. Zwanzig Jahre, die weder Bertaldi noch Gavagnin ihrem Ziel nähergebracht haben.

Im Zentrum des Widerstands und nach Kriegende auch im Mittelpunkt der linken Auseinandersetzungen stand der Partito Comunista Italiano. Als der Faschist Benito Mussolini 1922 die Macht übernahm, begann er einen offenen Kampf gegen die Kommunisten, der 1926 in einem Verbot des PCI endete. Ihre Anhänger wurden verhaftet und verbannt, konnten aber ihre Organisation mit Unterstützung der Sowjetunion aufrechterhalten.

Im September 1940 trat Italien als Verbündeter Deutschlands in den Krieg gegen Frankreich ein. Doch schon im Juli 1943 landeten die alliierten Truppen auf Sizilien, und für die Italiener war das Scheitern des Krieges greifbar. Auf der Stelle entmachtete König Vittorio Emanuele III. – einvernehmlich mit dem Faschistischen Großrat – Mussolini und verpflichtete den ehemaligen Generalstabschef Pietro Badoglio als Chef der neuen Regierung. Den deutschen Verbündeten gegenüber tat dieser zwar so, als setzte er den Krieg fort; geheime Verhandlungen mit den Alliierten führten jedoch Ende September zu Italiens Kapitulation. Deutsche Truppen befreiten derweil Mussolini und besetzten große Teile des Stiefels. Während Rom schon im Juni 1944 befreit wurde, kämpften kommunistische, sozialistische, republikanische und katholische Partisanen in Norditalien bis April 1945 gegen die deutsche Wehrmacht und die wiedererstarkten Mussolinianhänger.

In Venedig erinnert vor der Riva dei Sette Martiri, westlich des Anlegers »Giardini« eine von der Lagune überspülte, hingestreckte Bronzefigur, *La Partigiana* von Carlo Scarpa (1906–1978), an sieben Frauen und Männer, die dort standrechtlich erschossen wurden. Ebenso gezielt ging die deutsche Besatzungsmacht auch gegen italienische Juden vor; die Listen ihrer Namen lagen bereit. Mussolini hatte sie bereits 1938 nach deutschem Vorbild unter Rassegesetze gestellt. Im Dezember 1943 deportierte die SS die ersten venezianischen Juden, Anfang 1945 die letzten, zurück kamen die wenigsten. Eine Gedenkstätte auf dem Campo Ghetto Nuovo erinnert an die Opfer:

Fabio hatte dafür gesorgt, daß der Name seines Freundes Tullio Tolledano dort eingetragen wurde, obgleich Tullio sogar zurückgekehrt war, heimgekehrt aus dem schalltoten Raum als ein Sterbender; fünf Jahre war er an einer Tuberkulose gestorben, die er sich in Maidanek geholt hatte.

Kurz vor der Kapitulation – zwanzig Jahre nach Amtsantritt Mussolinis –, als sich abzeichnete, daß dem Regime kein Erfolg mehr beschieden sein werde, fand sich plötzlich ein breites antifaschistisches Bündnis: die Resistenza. Sie unterstützte die Allierten im Kampf gegen die Faschisten und wurde bald von ihnen mit der Regierungsbildung beauftragt. Die Kommunisten waren allerdings nicht gemeint, und so hielt es der PCI 1944 für opportun, im Tausch gegen eine Regierungsbeteiligung von seinen bisherigen Zielen – Revolution und die Errichtung eines Sowjetsystems – abzurücken. Zwischen 1944 und 1947 gehörte der PCI sechs Regierungen an, stimmte der neuen Verfassung zu und bekannte sich zur parlamentarischen Demokratie, zum Konkordat und zum Privateigentum. Doch alle Kompromisse nützten nichts zu Zeiten des Kalten Krieges – und schon gar nicht in einem Land, das seinen Neuanfang den Amerikanern verdankte. Der PCI war über Jahrzehnte die zweitstärkste Partei Italiens, doch die führenden Christdemokraten schalteten den PCI, auch wenn ihre Koalitionen noch so brüchig waren, bis 1991 von der Regierungsverantwortung aus.

Nach Chruschtschows Offenbarung des Stalin-Terrors und der Niederschlagung des Ungarnaufstandes scheint eine Erklärung der Misere des PCI gefunden, Zweifel am Führungsanspruch Moskaus kommt auf. Bis 1961 dauert der erbitterte Streit über das nationale oder sowjetische Primat. Am Ende setzen sich die Anhänger Moskaus durch. Der PCI verliert in diesen Jahren viele Mitglieder, Kritik oder Enttäuschung machen sich breit, Abspaltung oder Rückzug hieß die Antwort.

Andersch erging es ähnlich wie so manchem italienischen Kommunisten. Im Jahr 1933 saß er als Jugendfunktionär der KPD einige Monate im KZ Dachau. Danach stellte er alle politischen Aktivitäten ein. Als er 1943 eingezogen wurde, kam er nach Italien an die Front. Die dortigen Verhältnisse ermöglichten es ihm bald, zu den Amerikanern zu desertieren.

Seine Kriegserlebnisse in Italien hatten ihn hellhörig für dieses Land werden lassen. Gleich nach dem Krieg wurde er auf den sizilianischen Schriftsteller Elio Vittorini (1908–1966) aufmerksam. Vittorini gab die Literaturzeitschrift *Il Politecnico* heraus, ab 1945 das Sprachrohr der neorealistischen Bewegung, die eng mit der Resistenza verbunden war. Vittorini selbst, Alberto Moravia, Cesare Pavese und der junge Italo Calvino sind Vertreter dieser Strömung. Noch stärker war der Einfluß des Neorealismo auf den Film, der so die Befreiung vom Propagandaauftrag des Faschismus vollzog. Realistische Alltagsgeschichten, die sich auch mit Elend, Not und Einsamkeit beschäftigten, Themen, die unter Mussolini verboten waren, wurden an realen Schauplätzen fern der Studios im Stil von Reportagen gedreht. Die Schauspieler waren häufig Laien, die Dialoge einfach und oft im Dialekt. Als wichtigste Regisseure wären Roberto Rossellini, Vittorio De Sica, Luchino Visconti und Giuseppe De Santis zu nennen. Auch Francesco Rosi und Michelangelo Antonioni knüpfen in ihren frühen Filmen noch an diese Bewegung an. Der *Roten* merkt man in Konzeption und

Tonfall ebenfalls an, daß der *neorealismo* Andersch angesteckt hatte. Die Handlung von Antonionis *Il Grido*, zu Deutsch *Der Schrei*, verarbeitete er zu einem der Zwischenspiele der *Roten*.

Während Andersch *Die Rote* schrieb, lernte er Vittorini, der Lektor bei Anderschs italienischem Verlag Mondadori war, auch persönlich kennen. Die daraus entstandene Freundschaft dürfte die eine Quelle sein, aus der Andersch sein differenziertes Venedig- und Italienbild speist. Doch auch in Venedig, wo er mit seiner Frau Gisela den Jahreswechsel 1957/58 verbringt und die *Rote* skizziert, hat Andersch Freunde. Sylvester feiern sie mit dem venezianischen Komponisten Luigi Nono (1924-1990) und dessen Frau Nuria (*1932), einer Tochter Arnold Schönbergs, im Atelier des Malers Emilio Vedova (*1919). Die Runde diskutiert, wie Andersch anderntags festhält, über »die PCI, Vedova, die Oper und wie man sich als Künstler verhalten soll«.

Nono und seine Familie lebten im Süden der Giudecca am Fondamenta San Biagio in dem Haus, wo heute das Archivio Luigi Nono, das seine Frau Nuria leitet, untergebracht ist. Das Archiv dient nicht nur der Nono-Forschung, sondern dort werden auch Konzerte veranstaltet und Ausstellungen gezeigt, und es ist Treffpunkt all derer, die tiefer in das umfängliche Werk Nonos eindringen wollen.

Nono und Andersch verfolgten formal und inhaltlich ähnliche Ideen. Beide verstehen ihre Kunst als politischen Auftrag, und Nonos Ansatz des Musiktheaters, der lyrische und dokumentarische Texte, Tonbänder, Filmausschnitte, Bilder und Musik miteinander koppelt, hatte viele Berührungspunkte mit Anderschs Hörspielrealisationen und Radio-Essays. Die geistige Verwandtschaft führte zu einer fruchtbaren Zusammenarbeit, als Andersch die Texte von Nonos Oper *Intolleranza 1960*, die 1961 im La Fenice uraufgeführt wurde, ins Deutsche übersetzte. Diese *azione scenica*, eine Bezeichnung, die Nono passender vorkam als der Begriff Oper, klagt die Ausbeutung der Gastarbeiter in den belgischen Kohlegruben an und stellt sie in eine Linie mit der Menschenverachtung der deutschen Konzentrationslager und den Folterungen der Franzosen in Algerien. Auch Andersch hatte de Gaulles Algerienpolitik in seinem Hörspiel *In der Nacht der Giraffe* (1958) ins Visier genommen.

Nono ist einer der wichtigsten italienischen Komponisten des 20. Jahrhunderts, Venedig der Mittelpunkt seines Schaffens. Die spektakulärste Uraufführung war sicher *Prometeo* im Jahr 1984. Den Bühnenaufbau dazu schuf der Genueser Architekt Renzo Piano (*1937), der unter anderem durch den Bau des Centre National d'Art et de Culture Georges Pompidou in Paris bekannt wurde. Im Zentrum, in einer Art Akustikschale, befand sich das Publikum. Nono trieb die Mehrstimmigkeit, die ihre Wurzeln in der Architektur San Marcos hat, auf die Spitze. Zwei Dirigenten, vier Orchestergruppen, Chor und die Solisten gruppierten sich außen herum. Die Bühne umfängt die Zuhörer; sie können das Ereignis nicht vollständig beobachten, sind jedoch im Mittelpunkt des Klanges. Nono inszenierte so die von ihm angestrebte Verschiebung des *dramma per musica,* zu einem *dramma in musica,* dem Hör-Drama, dem die visuelle Umsetzung der Oper fehlt, aber auch *Prometeo* steht in der Tradion der antiken Tragödie.

Das Libretto dieser Klangkollage, in dem unter anderem auch Texte Hölderlins und Walter Benjamins verarbeitet sind, schrieb der spätere venezianische Bürgermeister Massimo Caccari (*1944), mit dem Nono eine enge Freundschaft verband. Ein Opernhaus – in seiner Opulenz – war für dieses Ereignis völlig ungeeignet. Nono wählte als Aufführungsort die profanierte Kirche San Lorenzo in Castello. Nono ist kein leicht zugänglicher Komponist, wer es trotzdem wagen möchte, der setze sich mit einem tragbaren CD-Player auf den Campo San Lorenzo, in den lichten Schatten der wenigen Bäume. Die Männer und Frauen aus dem benachbarten Altenheim könnten sich wundern, daß man sich an diesen spröden Ort verirrt hat. Über einen, der Musik hört, wo und wann auch immer, wundert sich kein Venezianer.

Sie kamen auf einen kleinen, sehr schlecht beleuchteten Platz, der zwischen niedrigen Häusern lag. An zwei Seiten war der Platz gepflastert, nur die Steine an der Kante des Kanals waren aus weißem Granit, ein weiß schimmerndes Band in der Dunkelheit, das vor dem Wasser warnte. Auf der anderen Seite des Kanals stand ein Palast, eines seiner Fenster war erhellt, und sie hörten Gesang, von Instrumenten begleitet. Sie blieben stehen und lauschten. »Donizetti«, sagte Franziskas Begleiter. Es war irgendein Spätkonzert von Radio Italia, oder vielleicht war es eine Schallplatte, und ein lyrischer Tenor sang eine Arie aus Donizettis »Elisir d'Amore«. Sie gingen unwillkürlich in die Töne hinein, bis sie am Rande des Kanals standen, auf den weißen Granitsteinen, zwei Stufen führten zu einem Pfad, an dem eine Gondel festgemacht war, und Franziska setzte sich, trotz der Kühle, auf die oberste Stufe und hörte zu [...] der Tenor sang unglaublich weich und doch präzis die Worte »una furtiva lacrima«, der Liebestrank mischte sich in das schwarze Wasser des Kanals, die verstohlene Träne rann über das Antlitz der Nacht. Als er geendet hatte, wurde der Lautsprecher abgeschaltet, das Licht erlosch.

Die erste Fassung der *Roten* revidierte Andersch 1972 für eine bis heute aufgelegte Neuausgabe, in der das Ende offenbleibt. Mit dieser Änderung gab Andersch den Kritikern nach, die den ursprünglichen – durchaus konsequenten Schluß – für unglaubwürdig hielten, nämlich: Fabio und Franziska fühlen sich zueinander hingezogen, werden aber kein Paar, doch Fabio gibt das Kind, das Franziska erwartet, gegenüber seiner Mutter als das seine aus und bringt Franziska bei seiner Familie unter.

Am Ende der langen Straße begann Mestre aufzuhören, wir kamen an eine Kreuzung und gingen eine Straße weiter, an der ein Schild nach Dona di Piave wies, bogen nach einer Weile in einen Weg ein, der in Richtung der Lagune führte, die Häuser standen in einzelnen Gruppen, Fabio wies auf ein Haus und sagte: »Wir sind da.« [...] Das Haus war vielleicht einmal weiß gestrichen gewesen, jetzt hing der Bewurf schmutzig und in Fetzen an ihm, im ersten Stock waren die Fenster mit grauen Holzläden verschlagen, der erste Stock war wohl nicht mehr bewohnbar, im Parterre waren die Läden zurückgeschlagen, um das Haus war eine Fläche aus Kies und Erde, Wäschestangen standen darauf, an denen ein paar Hemden und Handtücher hingen, der Weg führte an dem Haus vorbei, irgendein Weg, kein Auto fuhr darauf, das Haus war ein Würfel, ein Würfel aus Trostlosigkeit und Verfall und geheimem Leben, Leben im Dunkel.

Franziska wird jetzt tatsächlich zur Emigrantin, sie lebt in denselben Verhältnissen, in denen die Einheimischen leben. In Mestre – vielleicht nicht mehr so heruntergekommen, aber als Industrierevier sicher nicht schöner geworden – leben heute die meisten Venezianer. Eine Fahrt dorthin, zehn Minuten dauert es mit der Eisenbahn, vervollständigt das Venedigbild. Zu den Einfamilienhäusern gesellen sich mittlerweile viele Hochhäuser. Doch geht man, beispielsweise nördlich des Bahnhofs, durch die Straßen der »Würfel«, dann wird klar, warum es – nicht nur wegen der Preise – eine venezianische Alternative ist, in Mestre zu wohnen: Jeder der lichten Gärten ist aufs liebevollste gepflegt, üppig sprießen Blumen, Sträucher und Gemüse. Die Terrasse ersetzt das halbe Jahr das Wohnzimmer. Auch hier gibt es an jeder zweiten Ecke eine Bar und auf der langen Piazza Ferretto zu Füßen des Torre dell'Orologio, des Uhrenturms, reiht sich unter den Arkaden Cafè an Cafè. Außerdem weist die Bibel der regionalen italienischen Küche *Osterie d'Italia* in diesem »Vorort« mehr empfehlenswerte Adressen auf als in Venedig selbst. Auch ein Spaziergang durch die von Kanälen durchzogenen Gewerbegebiete Richtung Lagune ist nicht reizlos: Ruderclubs, Schrottplätze, Werkstätten und Werften, Ruinen alter Forts mit Blick auf gewaltige Hafenbecken, riesige Ladekräne und Industrieanlagen.

In der Fabrik setzten sie mich an eine der Maschinen, aus der die schon fertige Seife in einem viereckigen Strang herauskommt. Ich hatte nicht mehr zu tun, als den unendlichen Strang mit den Händen auf ein Fließband zu legen, das ihn zu einer Schneidemaschine beförderte, wo er in kleine Stücke zerschnitten wurde. Von der Schneidemaschine glitten die Stücke auf dem Fließband weiter, an dem die Verpackerinnen saßen. Ich hatte die einfachste Arbeit, ich mußte nur den Strang der Seifenmasse ein wenig mit meinen Handflächen unterstützen, damit er nicht abriß oder sich falsch auf das Band legte. [...] Die Seife roch gut. Es war eine saubere, leichte Arbeit, und ich konnte auf einem hohen Schemel sitzen.

Franziska hat Arbeit gefunden und ist nicht unzufrieden mit den Bedingungen. Mary McCarthy hingegen äußert sich 1956 in ihrem Venedigbuch sehr kritisch über die Zustände, die sie in einer Manufaktur auf einer der Laguneninseln vorfand:

Burano ist »ein typischer Fischerort«, heißt es im Reiseführer. Seine Spezialität sind Spitzen, und nach dem Mittagessen (in einem »typischen« Restaurant, einer Art Billardsaal, das vornehmlich Fischgerichte bietet und mit Genrebildern ausgestattet ist, die der Besitzer von Kunstfreunden erworben hat) ist es Touristenbrauch, ein paar Häuser weiter die Spitzenwerkstatt in der Scuola dei Merletti zu besichtigen. Sie befindet sich im zweiten Stock eines kleinen gotischen Rathauses: ein langes, ziemlich spärlich beleuchtetes Doppelzimmer, wo unter der Aufsicht einer Nonne und eines Kruzifixes stumme Reihen kleiner Mädchen in Kitteln auf Bänken sitzen und Spitzen für die Gesellschaft der Jesurum herstellen, einen frommen, wohltätigen Verein von ehrenwerten Damen, die den Kindern für einen Achtstundentag vierhundert Lire (etwa derselbe Lohn wie 1918) für das Arbeiten von Burano- und venezianischen Klöppelspitzen bezahlen, die sich zu hohen Preisen im Laden der Gesellschaft an der Rio della Canonica, unweit der Seufzerbrücke, verkaufen lassen.

Ich will mich für diese Zahlen nicht verbürgen. Ich erhielt sie von einem zornigen Gondoliere aus Burano, der möglicherweise Kommunist war. Auf den venezianisch-roten Häuserfronten Buranos sieht man sehr häufig Hammer und Sichel, ebenso wie in den verwahrlosten Häusern der Lagunenstädte der Chiogga-Route – Malamocco, San Pietro in Volta, Pellestrina. Aber ich glaubte dem Gondoliere, weil das, was er sagte, zu den wilden Blicken der Kinder paßte, als sie ihre Handarbeitsrahmen der Nonne aushändigten, damit wir sie bestaunten. Wir traten lächelnd, zu drei Personen, ein und riefen innerlich: »Was für ein reizendes Bild!« Aber als wir mit unserem Lächeln die Kinder anstrahlen wollten, rührte sich kein Muskel in ihrem Gesicht; nur aus den erhobenen Augen schossen Blicke wie vergiftete Pfeile. Ja, sagte der Gondoliere, es ist sehr schlecht für die Augen; nach einigen Jahren in der Spitzenschule werden viele arbeitsunfähig. »Wer ist verantwortlich? Wer bekommt das Geld?« fragten wir. Eine Dame in Venedig, erklärte er prompt, die Contessa Margherita. Ich wollte gern diese »Contessa Margherita« sehen, die ich mir als Mitglied einer eleganten Clique vorstellte, die jeden Sonntag wie eine zwitschernde Vogelschar zu einem Aperitif vor dem Mittagessen bei Florian erscheint und am äußersten Ende bei der Bocca di Piazza sitzt. Aber in Wirklichkeit gab es diese Person gar nicht. Die alte, längst verstorbene Königin Margherita gehörte früher einmal zum Patronat der Gesellschaft. Wer eigentlich profitiert, habe ich nie ermitteln können. Meine Signora, die sonst alles weiß, weiß es nicht; der Chef des venezianischen Gondolierevereins, ein alter Kämpfer des Antifaschismus im weißen Haar, weiß es nicht. Niemand kann mir eine klare Auskunft geben.

Franziska war mit 25 000 Lire in der Tasche weggelaufen und kam zu dem Schluß, daß sie mit diesem Geld, auch wenn sie extrem sparsam lebte, »eine Frist von fünf, höchstens sechs Tagen hatte«. Ihr Zimmer in einem billigen Hotel kostet 1200 Lire, für einen Cappuccino und zwei Hörnchen zahlt sie 200 Lire, für ein Messer, ein Stück Seife, einen Slip und ein Paar Strümpfe zusammen 1500 Lire. So setzt Andersch 1958 das Preisniveau an; demgegenüber verdienten die Mädchen keine 10 000 Lire im Monat, andere verdienten nicht wesentlich mehr: Im Februar 1957 setzten beispielsweise die Glasbläser Muranos – nach einem dreiwöchigen Streik – einen Mindestlohn von 36 000 Lire durch.

Heute ist die Scuola dei Merletti ein Museum. Spitzen, Werkzeug und alte Musterbücher sind hier ausgestellt. Die Spitzenherstellung ist auf Burano ein inzwischen fast ausgestorbenes Gewerbe, auch wenn man gelegentlich noch Spitzennäherinnen sieht, die schwatzend vor ihren Häusern in der letzten Abendsonne an zarten Stücken sticheln, zum Zeitvertreib und als Zubrot. Die meisten der auf Burano angebotenen Spitzen werden jedoch maschinell in Billiglohnländern hergestellt, die kleinen Mädchen aus Burano wurden durch ebensolche in Asien ersetzt.

Fischerorte waren Burano und die anderen Lagunensiedlungen, wie McCarthy richtig aus den Insignien der Arbeiterbewegung schließt, schon damals nicht mehr – und sind es knapp fünfzig Jahre später schon gar nicht. Die Fisch- und Muschelzucht wird im industriellen Maßstab auf Farmen betrieben, hier zu arbeiten mag eine Variante des Broterwerbs der Buranesi sein. Die meisten pendeln nach Venedig oder auf das Festland zur Arbeit.

Die Rote ist inzwischen, nicht zuletzt wegen der Venedigthematik, Anderschs meistverkaufter Roman. Die Kritik war vom ersten Tag an, anders als bei der Begeisterung über *Die Kirschen der Freiheit* und *Sansibar oder Der letzte Grund*, gespalten. »Kitsch« war einer der Vorwürfe. 1961 verbrachte Andersch damit, das Drehbuch für die Verfilmung durch Helmut Käutner zu schreiben. Nach vielen Streitereien – Anderschs Liebe zu dem Projekt war längst zerbrochen und resignierter Gleichgültigkeit gewichen – beschränkte Käutner die Handlung weitgehend auf den Erzählstrang der Franziska. Gespielt wurde sie ausgerechnet oder gerechterweise von Ruth Leuwerik. Das war der Kitsch, von dem Käutner annahm, daß ihn das deutsche Publikum wollte. Für einen Film über das Venedig eines Fabio Crepaz in der Tradition des *neorealismo*, wie ihn sich Andersch wohl vorgestellt hatte, sah er hingegen in Deutschland kein Publikum.

→ Begegnungen am Rande

AUF DEN SPUREN FIKTIVER VERBRECHEN

San Nicolò dei Mendicoli – Stazione Marittima – Cotonificio/Architektonische Fakultät – Fondamenta delle Terese – Giudecca – Mulino Stucky – Junghans-Uhrenfabrik – Villa Herriot – Isola San Giorgio/Fondazione Cini – Giardini Reali – Canale di Cannaregio – Tre Archi – Sacca San Alvise – Sacca Girolamo – Fondamenta delle Cappuccine – Campo Santa Margherita – Piazza e Campanile San Marco

Die Amerikanerin Elizabeth George erfindet in ihrer Liebe zu England Inspektor Linley. Sir Thomas Linley ist *very british* oder das, was sich eine Amerikanerin darunter vorstellt. Als achter Earl von Asherton ein echter Lord, nicht abhängig von seinem Gehalt bei Scotland Yard, fährt er einen Bentley, residiert in einer teuren Stadtwohnung und verbringt die Wochenenden mit seinen blaublütigen Freunden auf seinem Landsitz. Mit Linley hat George sich an die Spitze der Bestsellerlisten geschrieben.

Donna Leon, ebenfalls Amerikanerin, erfindet in ihrer Liebe zu Italien Comissario Brunetti. Brunetti ist *un vero italiano* oder das, was sich eine Amerikanerin darunter vorstellt. Die Herkunft aus bester Familie hat sie vorsichtshalber seinem Schwiegervater überlassen, weil in Italien die Nähe zur Macht nicht den gleichen unbefleckten Ruf genießt wie in England – wie eng sind seine Beziehungen zu Korruption und Mafia? Eine der Fragen, die Donna Leons idealisierten Helden immer wieder in Gewissenskonflikte stürzen. Brunetti fährt mit dem Polizeiboot durch die Kanäle, entspannt sich nach erfolgreicher Verbrecherjagd bei einem Glas Wein

← Hinterhof-Tristesse oder ländliche Idylle? Schon Patricia Highsmiths Ray Bradbury fand Ruhe und Zuflucht auf der Giudecca

auf seiner Terrasse über den Dächern Venedigs, und der Höhepunkt des Tages ist das Abendessen im Kreis seiner Lieben. Man erfährt durch Brunetti wenig über Venedig oder auch Italien, doch um so mehr über sein Innenleben, das immer im Dienste des Guten und Schönen steht. Brunetti ist Humanist oder das, was eine Amerikanerin sich darunter vorstellt, Mitglied einer jahrhunderte-, wenn nicht jahrtausendealten Kulturnation, ein Gegenentwurf zu der Welt, die Donna Leon vor vielen Jahren verlassen hat, um sich schließlich in Venedig niederzulassen. Oder um es in ihren eigenen Worten zu formulieren: »Alles dort ist aus Plastik, alles ist Abfall. Ich habe keine Lust mehr, in diesem kulturellen Müll zu leben.« Sie meint Amerika. Guido Brunetti und seine Frau Paola müssen das jetzt ausbaden. Als Nachtlektüre greift er zu Xenophon, und Paola findet moralische Erbauung in der englischen Literatur des 19. Jahrhunderts, allen voran Henry James (der eigentlich ja auch ein europavernarrter Amerikaner war). Ein anstrengendes Leben, fürwahr, und ein Ende ist nicht abzusehen: Brunetti, die Neunte, Brunetti, die Zehnte .... Donna Leon hat Elizabeth George längst von den Bestsellerlisten verdrängt. Doch an beiden läßt sich feststellen, daß es besonders verkaufsträchtig ist, wenn Ausländer, die über ein Land ihrer Liebe schreiben, das Ideal und die Klischees bedienen, die in ihrem eigenen Kulturkreis das Bild der gewählten Nation bestimmen. Bei solchen Büchern befindet sich der Leser auf sicherem Terrain, realistische Schilderungen fremder Gepflogenheiten hingegen stellen seine Vorurteile in Frage und werden darüber anstrengend.

So gesehen sind die Brunetti-Romane kurzweilig, der eine spannender, die andere weniger. Venedig kommt als Kulisse vor. Die Struktur der Fälle ist immer wieder ähnlich – das organisierte Verbrechen ist zwar oft Ausgangspunkt, doch am Ende steht ein mehr oder weniger verrückter Einzeltäter, sein Motiv ist höchst persönlicher Natur. Ganze Handlungsstränge werden nicht aufgelöst und verlaufen im Sande, vor allem jene, die politische Verwicklungen,

Wirtschafts- oder Bandenkriminalität und Korruption vermuten lassen. Das hält Donna Leon vielleicht für das italienische Moment: Der Staatsapparat ist bestechlich, und überall lauert die Mafia, doch genauer will man es auch nicht wissen.

Und wie sieht es bei anderen Kriminalromanen aus, die in Venedig spielen? Lassen sich deren Autoren auf die Stadt ein? Durchaus, und die Resultate sind sehr unterschiedlich. Wobei es sich manche Autoren sicher einfacher machen als Donna Leon. Ihre Helden sind keine Venezianer, und wenn, wie Michael Dibdins Aurelio Zen, so lebt dieser seit Jahrzehnten in Rom und stattet seiner Geburtsstadt nur einen Besuch ab. Alle diese Protagonisten werfen einen Blick von außen auf die Stadt, und diese Distanz relativiert auch den Maßstab der Authentizität. In Daphne du Mauriers (1907–1989) Erzählung »Dreh dich nicht um« gerät ein englisches Ehepaar, John und Laura Baxter, in den Sog einer immer verstörenderen Geschichte. Ihre kleine Tochter ist gerade erst gestorben. In Venedig wollen sie zur Ruhe kommen. Doch seismographisch reagieren die verwaisten Eltern auf die Stimmungen der Stadt:

Der Kanal war schmal, die Häuser auf beiden Seiten schienen sich über ihn zu neigen. An jenem Vormittag, als sich die Sonne im Wasser spiegelte, Bettzeug auf den Simsen der offenen Fenster lag und auf einem Balkon ein Kanarienvogel in seinem Bauer sang, hatte die Szene Wärme und Geborgenheit ausgestrahlt. Jetzt in der Dunkelheit aber, schlecht beleuchtet, die Fenster mit Läden verschlossen, das Wasser dumpfig, wirkte die Gegend völlig verändert, ärmlich, verfallen, und die langen schmalen Boote, an glitschigen Stufen zu Kellereingängen vertäut, sahen wie Särge aus.

John ist mit der Restaurierung einer Kirche beauftragt und einigermaßen abgelenkt. Laura, ziellos und alleingelassen, läßt sich willig von zwei alten Schwestern trösten. Eine der beiden behauptet, Botschaften des toten Kindes zu empfangen, ihm gehe es gut, es sei aber auch sehr besorgt. Die Eltern sollten Venedig verlassen, hier drohe ihnen Unheil. Laura läßt sich von dieser Vision beeindrucken, John reagiert gereizt. Doch dann wird auf John ein Anschlag verübt, er stürzt vom Gerüst. Du Mauriers Novelle war 1973 die Vorlage für Nicholas Roegs Film *Wenn die Gondeln Trauer tragen* mit Donald Sutherland und Julie Christie in den Hauptrollen. Ein eindrucksvoller Film, der effektvoll und symbolträchtig, teilweise auch rätselhaft, eine beängstigende Atmosphäre verdichtet. Die Stärke der Vorlage beruht auf dem Gegenteil: Mit sparsamen Mitteln und in fast kühlem Ton wird der Leser in das sich steigernde Grauen gezogen.

Die Kirche, die John renoviert, ist im Film San Nicolò dei Mendicoli. Eine gute Wahl. Rund um die Kirche herrscht jene von Daphne du Maurier beschworene Mietskasernenatmosphäre. San Nicolò liegt ganz im Westen des Dorsoduro. Man überquert den Rio San Sebastiano und kommt über den Campo Angelo Raffaele und die Corte Maggiore in eine Gegend, in der ursprünglich Fischer und Seefahrer wohnten. Die Nicolotti, wie die Arsenalotti, die Arbeiter des Arsenals, waren das Rückgrat der Serenissima. Sie durften einen eigenen Vertreter wählen, den Gastaldo, auch Doge dei Nicolotti genannt, der ihre Interessen gegenüber der Republik vertrat. Und sie standen unter dem Schutz eines eigenen Löwen, einen der rührendsten Venedigs, der auch heute noch auf seiner Säule über den Platz vor ihrer Kirche wacht. Oft sicherte ihnen ihre Arbeit nicht einmal ein bescheidenes Auskommen; *mendicoli* – so heißen die Bettler, die in der Kirche ihr Almosen fanden. Schon im 16. Jahrhundert wurden an der Fondamenta delle Terese die Reihenhäuser für Arme gebaut, die immer noch dort stehen. Seit 1880 geriet die Gegend zunehmend in den Einfluß der Stazione Marittima, des Bahnhofs am Meer, einer neuen Hafenanlage mit Gleisanbindung: Venedig befindet sich, was oft unterschlagen wird, weil es nicht ins Bild der Stadt paßt, auf dem Weg zur Industriestadt.

Im Jahr 1883 entstand hinter der Kirche ein *cotonoficio*, eine der größten Baumwollspinnereien des Veneto mit über 1000 Arbeitern: ein riesiger Backsteinkomplex mit großzügigen Räumen, getragen von gußeisernen Säulen, beeindruckende Industriearchitektur. Seit den sechziger Jahren ist die Fabrik stillgelegt, inzwischen Sitz der Architektur-Fakultät und somit zugänglich. Zur Zeit des Mussolini-Regimes entstand gegenüber der Kirche das Quartiere Santa Marta, eine Siedlung für Eisenbahner und Hafenarbeiter.

In eine ähnlich proletarische Gegend verschlägt es auch Patricia Highsmith' (1921–1995) Helden Ray Bradbury in dem immer noch unübertroffenen Klassiker von 1967, *Venedig kann sehr kalt sein*. Bradburys Frau Peggy hat sich das Leben genommen, sein Schwiegervater Coleman macht ihn dafür verantwortlich und will ihn, um seine Tochter zu sühnen, umbringen. Nachdem er Ray bei einer Rückfahrt vom Lido aus seiner Yacht geworfen hat, sucht dieser bei seinem Retter, einem Gondoliere, der mit seiner Familie auf der Giudecca lebt, Schutz.

Ray nahm das nächste Vaporetto zum Canal Grande. An der Riva degli Schiavoni stieg er um in ein Boot zur Giudecca. Es war jetzt kurz nach halb zwei Uhr früh, die denkbar ungünstigste Zeit, und das ganze war zweifellos ein sinnloses Unternehmen; aber im Augenblick war Luigi Lotto – der vielleicht ein völlig Fremder war und den er möglicherweise gar nicht fand – der einzige Freund, den er in Venedig hatte.
Auf der Giudecca betrat er die nächste Bar und fragte nach der Trattoria Mi Favorita. Der Mann hinter der Theke kannte sie nicht, doch ein Kunde wußte Bescheid und sagte ihm, wo er sie fand. »Zum Essen ist es vielleicht schon zu spät«, fügte er hinzu.

»Non importa«, erwiderte Ray und ging hinaus. »Grazie.«
Mi Favorita lag hinten in einem Hof; vor der Glasfront standen mehrere Topfpflanzen, die wohl erfroren waren. Ray ging hinein und fragte eine Frau, die dort den Boden wischte, ob sie eine Familie Lotto kenne. Sie verneinte, sagte aber, hinter der Trattoria gäbe es ein Haus mit fünfzehn Familien. Dorthin machte sich Ray auf den Weg.
Das Haus hatte eine fünfstellige Nummer mit einem A dahinter; ein Straßenname war nirgends zu sehen. Schlimmer noch: unten am Haus gab es zwar zwei Reihen Klingelknöpfe, aber nur einen einzigen Namen, Ventura. Ray schauerte zusammen und sah auf die Uhr. Es war zwei. Dies war sicher alles vollkommen unsinnig, dachte er; er machte alles falsch. Kein Licht war an der Häuserfront zu sehen.
Er schrak zusammen, als sich links knirschende Schritte näherten. Ein Mann erschien – sofort fiel ihm Coleman ein, doch dieser Mann war zwar auch nur mittelgroß und hatte einen wiegenden Gang, war aber jünger. Er hielt sogar, wie Coleman, eine Zigarre im Mund. Ray trat zur Seite und stand mit dem Rücken zur Wand, bereit zur Flucht oder zum Kampf [...]
»Entschuldigen Sie«, sagte Ray. »Kennen Sie hier vielleicht eine Familie Lotto?«
»Lotto – ja«, erwiderte der Mann ruhig, ohne die Zigarette – es war keine Zigarre – aus dem Mund zu nehmen. »Im vierten Stock.« Er steckte seinen Schlüssel ins Türschloß.
»Wissen Sie vielleicht, ob sie noch auf sind? Ich –«
»Ja wahrscheinlich. Er fährt mit der Gondel aus. Sie sind eigentlich immer auf und machen viel Lärm. Ich wohne unter ihnen. Wollen Sie mit 'rein?«

Auch auf der Giudecca lebten ursprünglich Fischer. In den Glanzzeiten der Republik wurde das weite Areal zur Sommerfrische, Adlige bauten hier Villen mit großen Gärten. Ende des 19. Jahrhunderts war immer noch genug Platz für verschiedene Industrieansiedlungen und Mietskasernen für die Arbeiter. Ganz im Westen ragt der Mulino Stucky über die Insel. Weit ist die ehemalige Getreidemühle mit ihrem charakteristischen Eckturm im neugotisch-hanseatischen Stil zu sehen. Im Jahr 1897 hatte der Industrielle Giovanni Stucky den Hannoveraner Ernst Wullekopf beauftragt, das Gebäude zu errichten. Die Deutschen waren damals in der Mehlverarbeitung führend. Bis zum Zweiten Weltkrieg war Mulino Stucky die größte Mühle und Nudelfabrik Italiens, doch 1954 wurde sie geschlossen und verfiel. Jetzt wird der Komplex zu einem Kongreß- und Kulturzentrum ausgebaut.

Bereits vor zwanzig Jahren wandelte man die benachbarte und um die gleiche Zeit entstandene Birreria, eine Brauerei, in Wohnungen um, auch hier ist der ursprüngliche Fabrikbau noch deutlich zu erkennen. Als sich Ray Bradbury in den sechziger Jahren auf der Giudecca versteckte, wurde darin noch gearbeitet und ebenso in der Junghans-Uhrenfabrik, die zwischen dem Campiello Sant'Eufemia und dem Ponte Longo in der Calle dell'Olio umgeben von Arbeitersiedlungen liegt. Die Architekten Cino Zucchi und Boris Podrecca verwandeln auch dieses Gelände seit 1995 in einen richtungsweisenden Wohnkomplex. Aus der proletarischen Tristesse werden zunehmend städteplanerische Vorzeigeprojekte. Aber noch hat sich die Giudecca die Stimmung bewahrt, die Patricia Highsmith hier antraf: Ein Hinterhof Venedigs oder, nach Maßstäben anderer Städte, eine Vorstadt. Manche Ecken muten wiederum ländlich an durch ihre Gärten, die Grünflächen und die ungepflasterten, lehmigen Campi.

Ray verbringt eine unruhige Nacht in Lottos Wohnung, und am nächsten Morgen bringt ihn der Gondoliere zu einem Freund, Paolo Ciardi, der Ray ein anständiges Zimmer vermietet.

Gleich danach verließ er das Haus und machte einen Spaziergang über die Giudecca, die »Garteninsel«, wo es viele Bäume gab, doch die Gärten lagen anscheinend hinter den Häusern und waren für die Allgemeinheit nicht zugänglich. Es war wärmer als gestern, und Ray machte es Spaß, auf der großen Insel umherzulaufen, die so nahe dem Festland von Venedig lag, getrennt nur durch den breiten Giudecca-Kanal, der ihm jetzt ganz schutzverheißend vorkam. Das Haus von Signor Ciardi lag an der Südseite der Giudecca, vom Wasser nur durch eine Häuserreihe getrennt; vom Ufer aus sah man in der Ferne nahe dem italienischen Festland die sumpfigen Inseln, auf denen Ray nie gewesen war, und in der anderen Richtung die verschwimmenden Konturen des Lido.

Ein Blick auf die Karte zeigt, daß an dieses von Patricia Highsmith beschriebene Südufer der Giudecca fast kein Durchkommen ist, und wenn, dann ist heutzutage der Durchgang verboten. Eine Ausnahme macht der Garten der Villa Herriot im Osten, am Ende der Calle Michelangelo. Er ist der Allgemeinheit zugänglich – die Biblioteca Pedagogica hat dort ihren Sitz. Von hier hat man die im Roman beschriebene ungewöhnliche Aussicht in die südliche Lagune.

In unmittelbarer Nachbarschaft, jedoch in ungleich luxuriöserer Umgebung, auf der Isola San Giorgio tagen die Protagonisten von Iain Pears' (*1955) Kunstfälschergeschichte *Das Tizian-Komitee*:

Fondazione Cini ist nur ein anderer Name für das alte Kloster San Giorgio Maggiore auf der Isola San Giorgio, ein Prunkstück aus dem sechzehnten Jahrhundert von Palladio, das vom Staat übernommen und in ein Konferenzzentrum für höchste Ansprüche umgewandelt wurde. Es gehört zu der Sorte von Einrichtungen, in denen internationale Gipfeltreffen abgehalten werden oder Konferenzen für Leute, die man beeindrucken muß. Wie es aussah, war für die Chronisten von Venedigs erfolgreichstem Maler nichts zu teuer, und jedes Jahr wurden

ein gutausgestatteter Konferenzsaal, eine Reihe komfortabler Schlafzimmer, Telephone, Telefaxe, Photokopierer sowie ein Schwarm von Köchinnen und Hausmädchen exklusiv für das Tizian-Komitee reserviert.

Eine der Wissenschaftlerinnen des Komitees wird im Gewächshaus der Giardini Reali, jenes kleinen Parks gegenüber von San Giorgio im Schatten der Prokuratien, ermordet aufgefunden:

Es war der Gärtner der Giardinetti Reali, der die Entdeckung machte, ein alter, gebeugter Mann, dessen Arbeit kaum Beachtung findet, nicht einmal bei den Horden von Touristen, die jahraus, jahrein inmitten seiner Kreationen ihre Sandwiches essen und sich dabei vom Übermaß architektonischer Großartigkeit erholen.

Trotz der mangelnden Wertschätzung war der alte Mann besessen von seiner Arbeit, und das machte ihn zur Ausnahmeerscheinung. Venedig ist nicht gerade für seine Naturbegeisterung bekannt, im Gegenteil: Die Geschichte der Stadt ist bestimmt vom Zwang zum Kampf gegen die Elemente. Ein Blumentopf am Fenster ist für den Durchschnittsvenezianer das Äußerste an Naturgenuß.

»Solo acqua, niente verde« nennt der Venezianer diesen Zustand bündig: Nur Wasser, kein Grün.

Flavia di Stefano, Assistentin im Kunstraubdezernat in Rom, wird nach Venedig geschickt, um die Polizei vor Ort zu kontrollieren und zu unterstützen. Leichtfüßig, gewitzt und kenntnisreich verfolgt Flavia di Stefano, die wie ihr Schöpfer Ian Pears Kunstgeschichte studiert hat, die Spuren von Kunsthändlern und Kunstfälschern, von ehrbaren und eitlen Wissenschaftlern, von Neid und Intrige. Dieser Roman gehört, wie auch das im Milieu der Gondoliere angesiedelte *Venezianische Begräbnis* von Timothy

Holmes (1928–1987) und der Roman *Adonis tot in Venedig* – eine raffiniert erzählte Geschichte in Briefen von Sarah Caudwell (*1939) –, ins Genre des klassischen englischen Kriminalromans. Alle sind schlüssig konstruiert, gepflegt bis witzig erzählt, Charaktere und Umfeld pointiert porträtiert – kurzum, vergnüglich zu lesen.

Aurelio Zen nannte der Engländer Michael Dibdin (*1947) seinen Commissario. Zen ist wieder einer dieser typischen venezianischen oder auch friulischen Namen, die auf einen Konsonanten enden und nicht wie sonst in Italien auf einen Vokal. Andere venezianische Familiennamen wären Manin, Renier, Corner, Valier, Molin, Loredan, Venier oder Tron, alles Familien, die auch den einen oder anderen Dogen gestellt haben. Aurelio Zen ist in Venedig geboren, lebt aber in Rom. Seine verschiedenen Missionen führen ihn nach Perugia, Sardinien, ins Piemont, nach Sizilien – und in *Tödliche Lagune* (1995) zurück nach Venedig. Schon in dem Roman *Entführung auf Italienisch* (1988) erfährt der Leser, daß Zen seine Mutter mitsamt all ihren Möbeln in seiner Wohnung in Rom aufgenommen hat, als diese zu gebrechlich wurde, weiter allein in ihrem Haus in Venedig zu leben, ein für Sohn und Mutter über alle Romane hin leidvoller Schritt, den die Mutter unter großem Geschrei abzuwehren suchte: »Rom? Niemals! Ich käme mir vor wie ein Fisch auf dem Trockenen.« Als Zen dann Jahre später nach Venedig geschickt wird, um das Verschwinden eines reichen Amerikaners aufzuklären, steht sein Elternhaus für ihn bereit. Heruntergekommen, muffig und kalt, fast ohne Möbel. Doch die Nachbarin seiner Kindertage hat ihm ein Bett gerichtet und einen Zettel hinterlassen, daß sie ihn am nächsten Tag zum Mittagessen erwarte. Zen fühlt sich fremd und zu Hause. Dibdin siedelt die Familie an einer eigenartigen Stelle an, ganz nah am Bahnhof im Cannaregio diesseits des Cannaregiokanals, und doch eine Gegend, in die sich kaum ein Tourist verirrt. Im Südwesten ist das Karree durch

Gleisanlagen und Lagerplätze begrenzt, im Nordwesten durch den ehemaligen Schlachthof Venedigs, heute ein Teil der Universität; den Mittelpunkt bildet der Campo San Giobbe (San Giobbe und San Moisè, Hiob und Moses – wie in der Ostkirche erhoben die Venezianer die Propheten in den Rang von Heiligen). Wo Zen hier wohnt, ist nicht genau auszumachen, weil die Ortsangaben im Roman nicht mit dem Stadtplan in Deckung zu bringen sind. Folgt man der Beschreibung, könnte es der Campiello Pesaro sein, dann fehlt aber der Kanal, in den Zen seine Zigaretten aus dem Fenster wirft, auch wäre hier die nächste Vaporettostation Guglie und nicht wie erwähnt Tre Archi. Deswegen kommt auch der weiter nördlich gelegene Campiello Ca' Pesaro in Frage, der ist wie beschrieben keilförmig, allerdings ist hierher kein Durchkommen, wenn man sich wie Zen kurz hinter dem Bahnhof links hält. Wie auch immer, Zen lebt während seines Aufenthalts tief im Venedig der Venezianer. Das Cannaregio ist mit etwa 20 000 Einwohnern das größte Sestiere Venedigs. Je mehr man sich seinen nordwestlichen Rändern nähert, desto mehr macht die venezianische Idylle dem Alltag Platz: der psychiatrischen Klinik, den Wohnblocks und den Schul- und Sportanlagen rund um die Sacca San Alvise oder dem Altenheim an der Sacca di San Girolamo. Sacca bezeichnet eine Bucht, in Venedig meist ein inzwischen aufgeschüttetes und der Stadterweiterung zugeführtes Gelände. Auch die Herkunft der Bezeichnung Cannaregio dürfte sich auf diese Buchten gründen, denn *canna* heißt das Schilf.

An diesem Ende der Stadt hat man immer wieder Durchblicke auf die offene Lagune – durchschnitten vom Eisenbahndamm –, im Dunst zeichnen sich die Industrieanlagen von Mestre und Marghera ab. Der Cannaregiokanal ist die wichtigste Zufahrt vom Festland, dicht der Verkehr der Frachtboote.

Alltag heißt aber in Venedig bei aller Geschäftigkeit auch, daß man seine Rituale pflegt. Und dazu gehört neben der Bar oder dem Caffè, einer in ganz Italien wichtigen Institution, vor allem der *bàcaro*, die Weinpinte. Oft schon um 10 Uhr geöffnet, um den Rialtomarkt sogar schon gegen 7 Uhr, am Nachmittag meist geschlossen und ab dem frühen Abend wieder für seine Gäste da, ist der *bàcaro* DER venezianische Treffpunkt schlechthin. Ausgeschenkt wird offener Weiß- oder Rotwein aus dem Veneto oder dem Friaul in einem Maß, *un'ombra*, einem »Schatten«, das eher weniger als 0,1 l füllt. Dazu als kleine Unterlage *cichetti*, kleine Happen. Das können halbe gekochte Eier mit einer Silberzwiebel sein, das kann ein Würfel Mortadella sein, fritierter Fisch oder ausgebackenes Gemüse, ein Brötchen mit *baccalà*, einem Stockfischmus, oder *sarde in saor*, sauer eingelegten Sardinen mit Zwiebelringen, Pinienkernen und Rosinen. Mancher *bàcaro* ist zur Enoteca mutiert, hat sozusagen seine Klasse gewechselt und bietet jetzt Tropfen für den gehobenen Geschmack an. Nicht nur Touristen, auch Venezianer finden an dieser Variante Gefallen, doch gerade in Cannaregio sind die *bàcari* schlicht und ursprünglich. Mal gemütlich mit schönen Steinböden und blankgewetzten Tischen und Stühlen, mal prosaisch mit Resopaltischen, Neonlicht, Pokalen oder anderen Trophäen einer der vielen Ruderregatten und Wimpeln des Lieblingsfußballclubs. In der Literatur findet diese innerste Zelle des venezianischen Lebens wenig Widerhall. Doch Aurelio Zen trifft sich gleich nach seiner Ankunft mit einem Jugendfreund in einem *bàcaro*, um die Lage in der Stadt zu sondieren. Dibdin hat ein Auge für Nebenschauplätze der Stadt, die das Bild differenzieren und abrunden:

Auf der Suche nach dem Weinlokal, von dem Marco gesprochen hatte, ging er die Fondamenta delle Cappuccine entlang. Über ihm ragte ein Dach aus immergrünem Buschwerk über eine hohe Mauer und verriet, daß sich dort einer der verborgenen Gärten der Stadt befand, die es früher überall mitten auf den Hunderten von Inseln gegeben hatte und in denen das Gemüse

für die Bewohner der Häuser am Wasser angebaut wurde. Als Zen unter dem Baum hindurchging, sah er, daß dieser voll mit verwilderten Katzen war, die wie ein Schwarm Vögel auf den Ästen hockten.
Die Gezeiten hatten gewechselt, doch das Wasser war immer noch so niedrig, daß man die Schlammbänke auf beiden Seiten des San-Girolamo-Kanals sehen konnte. Zwei Männer arbeiteten dort. Einer schob eine Schubkarre über einen Steg aus Brettern, die man vom Kai bis ans Wasser gelegt hatte, während der andere mit einer Schaufel im Kanalbett arbeitete und Schlammbrocken aushob, die so dickflüssig und schwarz wie Teer waren. Der üble Gestank des aufgewühlten Drecks hing schwer in der Luft. [...]
Ein Stück weiter sah er zunächst die Kirche, die Marco erwähnt hatte, dann die *Osteria* selbst. Die Aufschrift auf dem Fenster war tatsächlich rot, zumindest früher war sie einmal rot gewesen. Auf einem verblaßten Schild über der Tür stand »Beste Weine aus dem Piave, eigene Ernte, vom Faß oder in der Flasche«.
Nach der grellen Mittagssonne erschien der Schankraum verräuchert und dunkel, doch noch bevor sich Zens Augen daran gewöhnt hatten, hörte er eine vertraute Stimme, die ihn mit einem langgezogenen sanften *»Ciao!«* begrüßte, das sich wie eine vorüberziehende Welle hob und senkte.
Hinten im Lokal stand ein Kartenspieler auf, kam auf ihn zu und streckte ihm eine schwielige Hand zur Begrüßung entgegen. [...] Er lotste Zen zu einem freien Tisch am Fenster und bestellte lautstark zwei Gläser *Fragolino.*

Der Fragolino, den der Freund bestellt, ist eine herbschalige und im Geschmack an Walderdbeeren erinnernde Traube – häufig für Pergolen verwendet –, aus der ein meist moussierender, süßer Wein mit geringem Alkoholgehalt gekeltert wird. Deswegen darf er nach den Maßstäben des italienischen Weingesetzes nicht verkauft werden, wird aber überall im Veneto und auch in anderen Gegenden Italiens ausgeschenkt. In welchem *bàcaro* Zen seinen Freund trifft, läßt sich wiederum nicht genau feststellen; geht man aber die *fondamente* der Kanäle des Cannaregio entlang, so ist die Auswahl einschlägiger Orte relativ groß, und wenn man nach dem ersten Glas meint, daß es einem doch nicht so behagt, oder sich die Neugier auf weitere *bàcari* einstellt, dann zieht man weiter in den nächsten; *far un giro d'ombre,* eine Schatten-Tour machen, nennt das der Venezianer.

Je mehr alte Bekannte Zen trifft, und je erfolgreicher er im Fall des verschwundenen Amerikaners ermittelt, desto klarer wird ihm, daß der Täter in den Kreisen der Lega Nord zu suchen ist, einer rechten separatistischen Bewegung, der sich auch so mancher seiner Schulfreunde angeschlossen hat. Auf einer Kundgebung hofft er einen Informanten zu sprechen:

Falls Zen sich Sorgen gemacht hatte, daß er bei der Wahlkampfveranstaltung der venezianischen Separatisten an diesem Abend auffallen könnte, so konnte er beruhigt aufatmen, als er in den Campo Santa Margherita einbog. Mit dem Einbruch der Dunkelheit war ein unruhiger, launischer Wind aufgekommen, der dafür sorgte, daß der Nebel sich lichtete. Auf einen Blick war zu erkennen, daß der große asymmetrische Platz voller Menschen war.

Normalerweise hätte eine politische Versammlung in dieser Größenordnung eine unübersehbare Polizeipräsenz ausgelöst [...]. In diesem Fall war jedoch Zen, soweit er erkennen konnte, der einzige Polizist weit und breit. [...] Denn die Leute, die gekommen waren, um Ferdinando Dal Maschio reden zu hören, waren keine zornigen Studenten und auch keine streikenden Arbeiter. Ihr fortgeschrittenes Alter und ihr unauffälliges Verhalten wiesen sie als normale, gesetzestreue Einwohner des Dorsoduro-Viertels aus, die nicht zu öffentlicher Ruhestörung oder wüsten Ausschreitungen neigten.

Am dichtesten standen die Menschen auf der Seite des Platzes, auf der man ein provisorisches Podium errichtet hatte. Unter einem Banner mit einem aufgerichteten Löwen und dem Namen der Partei saßen auf dem hinteren Teil der Bühne vier Männer und hörten einem fünften zu, der vorn stand und die Leute durch die Lautsprecher anfeuerte, die auf beiden Seiten angebracht waren. [...]

»*Wir Venezianer müssen unser Schicksal selbst in die Hand nehmen.*« Er nickte, als ob er die Logik dieser Einsicht ergründete, die ihm eben zuteil geworden war. »Über ein Jahrhundert lang haben wir uns von der Chimäre Nationalismus betören lassen. Wir haben uns aus den Fesseln des österreichischen Imperiums befreit, nur um uns der Hegemonie Roms zu unterstellen. Und nun, da dieses Regime als die korrupte Farce entlarvt wurde, die es schon immer war, gibt es Leute, die uns drängen, uns lammfromm Mailand in die Arme zu werfen!«

Was ist das für ein Standpunkt, dem Zen hier begegnet, und wie korrespondiert er mit der politischen Wirklichkeit? 1992 realisierte der italienische Staat angesichts der Höhe seiner Staatsverschuldung, aber auch durch das Ausscheiden der Lira aus der Garantie des Europäischen Währungsfonds, daß das Land nicht die Kriterien des Maastricht-Vertrages werde erfüllen können, nicht zum Euro-Land avancieren würde und in die zweite Liga der europäischen Staaten zurückzufallen drohte. Die Italiener mußten feststellen, daß ihre Wirtschaft nicht mehr konkurrenzfähig war, und parteiübergreifend lautete die Diagnose, dies liege daran, daß Wirtschaft und Politik zu einem schon Jahrzehnte währenden Selbstbedienungsladen für die korrupten Verantwortlichen verkommen seien. Die folgenden Aufräumungsarbeiten unter Politikern, Bankiers und Größen der Wirtschaft unter dem Titel *mani pulite*, saubere Hände, erschütterten über Jahre das ganze Land. Regierung und Opposition waren gleichermaßen in die Affären verwickelt, die nun aufgedeckt wurden. Jetzt schlug die Stunde von rechten Kritikern aus dem Norden. Schon 1989 hatte Umberto Bossi verschiedene regionale Parteien in der Lega Nord mit dem Ziel zusammengeschlossen, den wirtschaftlich starken Norden vom unproduktiven Süden abzuspalten. In jeder Unterstützung des Südens sahen sie ohnehin nur eine Finanzierung der Mafia. Die öffentliche Anklage und Selbstbezichtigung der Regierungen in Rom brachte dem Separatismus der Lega Nord viele neue Anhänger, der Norden habe es schließlich nicht nötig, sich von den »Verbrechern« in Rom regieren zu lassen. *Padania*, eine altertümliche Bezeichnung für die Poebene, sollte das neue Gebilde heißen. Die Perspektive, daß nur ein solcher Staat den ökonomischen Kriterien Europas genügen werde, gab der Bewegung zusätzlich Aufwind und machte aus einer Splitterpartei eine politische Alternative zu den etablierten Parteien. 1992 brachte sie es bei der Parlamentswahl auf einen Stimmenanteil von 17 Prozent. In den folgenden Jahren ging sie ein Bündnis mit Silvio Berlusconis *Forza Italia* ein, ihr Stimmenanteil relativierte sich mit dem Erfolg Berlusconis. Bei den Parlamentswahlen 2001 kam sie nur noch auf 3,9 Prozent und scheiterte damit an der Vier-Prozent-Klausel, stellt aber immer noch knapp fünfzig Direktmandate und ist mit drei Ministern an der Regierung beteiligt. Umberto Bossi ist für die Dezentralisierung zuständig.

Anders als Deutschland ist Italien kein föderalistischer, sondern eine zentralistischer Staat. Die Zuständigkeiten der Regionen sind beschränkt, auch wenn in den letzten Jahren die Entscheidungsbefugnisse – zum Beispiel in Umweltfragen – größer wurden. Autonomie ist die eine Front, an der die Lega Nord kämpft. Die andere – und das ist bei einer rassistischen Partei, die bereits ihre südlichen Landsleute als minderwertig betrachtet, nicht verwunderlich – ist der Kampf gegen Asylanten und Ausländer. In Lodi bei Mailand drohten Legisten im Winter 2000 eine geplante

Moschee eigenhändig zu schleifen, wenn die Stadt nicht von solchen Projekten ablasse.

An einem Sonntag im September 1996 versammeln sich etwa 30 000 Grünhemden der Lega Nord auf dem Markusplatz; für die Honoratioren werden eigens Pontontribünen ins Bacino geschleppt. Umberto Bossi ruft die Unabhängigkeit Padaniens aus, erklärt Venedig zu dessen Hauptstadt und stellt die ersten fünf Minister der provisorischen Regierung vor. Er beschwört das Ende der römischen Kolonialisierung, seine Anhänger skandieren »Verbrenne, Rom«. Obwohl der Präsident des italienischen Verfassungsgerichts gefordert hatte, Bossi sofort zu verhaften, schreitet die Polizei nicht ein.

In einer Mainacht 1997 rollt ein Panzer auf dem Markusplatz auf. Acht Separatisten hatten den Kapitän der Fähre zum Lido mit vorgehaltenen Waffen gezwungen, das Fahrzeug zu laden und auf der Piazza abzusetzen. Auf den zweiten Blick zeigt sich, daß das Kriegsgerät mit dem Markuslöwen auf den Flanken ein »verkleideter« Lastwagen ist. Die Bewaffneten entern den Campanile und hissen die rot-gelbe venezianische Flagge. Über Rundfunk lassen sie die Befreiung der Republik ausrufen. Eine Spezialeinheit der Carabinieri stürmt am nächsten Morgen den Turm mit Leitern und setzt die Gruppe unter Einsatz von Tränengas fest. Die Lega Nord distanziert sich, Bossi sieht durch solche undisziplinierte Einzelaktionen seinen Führungsanspruch im Lager der Separatisten in Frage gestellt.

Aurelio Zen wird nicht mehr in seiner Heimatstadt ermitteln, Ende der neunziger Jahre wurde ihm seine Neugierde endgültig zum Verhängnis: Auf Sizilien jagte ihn eine Autobombe in die Luft. Nein, nicht von der Mafia gezündet – Michael Dibdin ließ Zen zwischen die Räder rivalisierender Antimafia-Einheiten geraten. So bleibt es Venedig zu wünschen, daß sich ein anderer Autor findet – und es sind viele, die im Kielwasser Donna Leons Venedig als Schauplatz ihrer Verbrechen wählen –, der Skrupel bekommt, einen weiteren Aufguß venezianischer Klischees anzusetzen, und sich darauf besinnt, daß sich kaum ein Genre besser für genaue Alltagsbeobachtungen und sozialpolitische Zusammenhänge eignet als der Kriminalroman.

→ Ein Wasserschleier über der Unschuld

KINDLICHE STREIFZÜGE UND EIN EXKURS ÜBER DEN NIEDERGANG DES VENEZIANISCHEN KINOS

Gelateria Causin – Campo Santa Margherita – Collezione Peggy Guggenheim – Canal Grande – Zattere – Lido – Mostra Internazionale del Cinema – Campo San Polo – Ponte dei Scalzi – Mestre

Esther kam allein. Sie ging direkt an dem Café vorbei, in dem Prosper mit den anderen saß, ohne zu ahnen, wer ihr durch eins der Fenster nachblickte. [...]
»Was guckst du so?« fragte Wespe, als sie merkte, wie Prosper durch die Scheibe nach draußen starrte.
»Sie ist wirklich gekommen«, antwortete Prosper, ohne Esther aus den Augen zu lassen.
»Deine Tante?« Neugierig lehnte Wespe sich über seine Schulter. »Das ist sie?« Prosper nickte.
»Wer?« fragte Bo, den Mund voll Eiscreme. Einen Riesenbecher hatte er sich bestellt, den gleichen wie Riccio, nur daß der schon den zweiten verschlang.
»Niemand«, murmelte Prosper und beobachtete, wie Esther auf Idas Haus zuging. Sie trug hohe Gummistiefel und von ihrem Schirm tropfte der Regen.
»Ich hab sie mir ganz anders vorgestellt«, flüsterte Wespe Prosper zu. »Größer – und irgendwie finsterer.«

Die Kinder in Cornelia Funkes (*1958) Roman *Herr der Diebe* sitzen in der Gelateria Causin am Campo Santa Margherita. Ein angenehmer Ort, bei schlechtem Wetter zumal, weil eine für Venedig ungewöhnlich große Fensterfront Tageslicht hereinläßt und die Sicht auf den Campo ermöglicht.

Der Platz lag in Dorsoduro, dem südlichsten Stadtteil von Venedig, jenseits des Canal Grande. Die Häuser, die ihn säumten, waren vielleicht nicht so prachtvoll und anmutig wie an anderen Plätzen der Stadt, aber viele standen schon seit mehr als fünfhundert Jahren. Es gab kleine Geschäfte, Cafés, Restaurants, jeden Morgen einen Fischmarkt und in der Mitte des Platzes den Zeitungskiosk, von dessen Besitzer Riccio so viel über Ida Spavento erfahren hatte. Am Campanile von Santa Margherita wachte ein steinerner Drache, und Riccio behauptete, daß zu seinen Füßen früher Stiere und Bären gejagt worden waren, wie auf dem Campo San Polo im Norden der Stadt.

Der sonst so belebte Platz lag fast ausgestorben da, als die drei Kinder ihn betraten. Es war ein kalter, regnerischer Tag, und die Stühle vor den Cafés waren leer, nur ein paar Frauen schoben ihre Kinderwagen an den Tischen vorbei. Auf den Bänken unter den kahlen Bäumen saßen alte Männer und schauten mißmutig zum Himmel hinauf, der heute aussah, als hätte jemand ein graues Laken über die Stadt gespannt.

Wenn man mit Kindern nach Venedig reist, dann ist das Dorsoduro der richtige Ausgangspunkt. Der Campo Santa Margherita ist das Herz des Dorsoduro, viel zu sehen gibt es für Kinder aber auch an den nicht weit entfernt gelegenen Zattere. Plätze und Ufer des Sestiere sind großzügig, einheimische Kinder rasen hier sogar mit Rollerblades oder Kickboards herum. Und die Collezione Peggy Guggenheim in der Ca' Venier dei Leoni – das Kuriosum eines Palazzos aus dem 18. Jahrhundert, der nie über das Erdgeschoß hinauskam –, im Osten des Sestiere gelegen, ist sicher eines der ansprechendsten Museen für Kinder. Der Phantasie sind hier Tür und Tor geöffnet. Das ist wörtlich zu nehmen, denn das Eingangsgitter mit seinen funkelnden Muranosteinen, ein

← **Campo San Polo: In Venedig ist jeder Platz ein Spielplatz**

Werk Claire Falkensteins, ist bereits die erste Station der Verzauberung. Wer will auf dem byzantinischen Thron im Garten Platz nehmen? Was für Geschichten erzählen die bizarren Skulpturen von Max Ernst? Möchte jemand über die wohlgerundeten Plastiken Henry Moores streichen? Die Gemäldesammlung erlaubt einen breitgefächerten Einblick in die Kunst der zweiten Hälfte des 20. Jahrhunderts und ist dennoch überschaubar. Am Ende belohnt ein phantastischer Blick von der Terrasse über den Canal Grande.

Das Dorsoduro ist Venedigs Studentenviertel, weswegen es hier auch viele Möglichkeiten gibt, gut und preiswert zu essen, und zwar das, was die meisten Kinder mögen: Tramezzini, Panini Caldi, Pizza oder eben Eis.

Man kann sich kein besseres Buch vorstellen als den *Herrn der Diebe*, um Kinder auf Venedig neugierig zu machen oder vor Ort bei der Stange zu halten. Und wie es bei guten Kinderbüchern oft vorkommt, ist der Roman auch für Erwachsene eine erquickliche Lektüre. Der fünfjährige Bo und der zwölfjährige Prosper laufen nach dem Tod ihrer Mutter aus Hamburg weg, weil ihre Tante Esther nur den niedlichen Bo, nicht jedoch den halbwüchsigen Prosper aufnehmen will. Nach Venedig fliehen sie, weil ihre Mutter immer von der Stadt geträumt hat. Es ist Spätherbst, und sie haben kein Geld, doch eine Kinderbande, auch alles Ausreißer, die in einem alten Kino Unterschlupf gefunden haben, gabelt sie auf und kümmert sich um sie. Eines Tages bekommt die Bande von einem Unbekannten den seltsamen Auftrag, einen hölzernen Flügel zu stehlen. Auf der Fährte des Flügels stromern die Kinder durch geheimnisvolle und unbekannte Winkel der Stadt. Nie verliert Cornelia Funke die Balance zwischen Realismus und Märchen. In 54 kurzen Kapiteln, die sich wunderbar zum Vorlesen eignen, erzählt sie rasant ihre Geschichte.

Kleinere Kinder kann man mit dem lustigen Bilderbuch von Anne Gutmann und Georg Hallensleben *Lukas in Venedig* einstimmen: Hallensleben zaubert mit relativ grobem und minimalistischem Strich ein höchst stimmungsvolles Venedigbild. Anne Gutmann erzählt die Geschichte von dem kleinen Hund Lukas, der allerdings eher wie eine Ratte aussieht. Lukas langweilt sich erst fürchterlich: »Und wißt ihr, was wir von morgens bis abends gemacht haben. Wir haben Museen besichtigt. Museum, Museum, Museum – nicht nur von innen, nein auch von außen.« Doch dann entdeckt er ein kleines rotes Paddelboot ...

Auf eine geradezu anarchistische Tour durch Venedig machen sich in Renate Lenz' *Heimkehr des Bären* zwei Teddybären. Sie wollen sich ein paar nette Tage in Venedig machen, da werden sie mit einem uralten Fluch konfrontiert. Venedig wird untergehen, wenn sie nicht alle ihre steinernen Artgenossen finden. Gisela Hoffmann hat Orso und Orsina genäht, und Oldrich Hrdina hat sie mit der Kamera auf ihrer Suche begleitet – die Löwenrepublik entpuppt sich als Bärenrepublik.

In Harold Brodkeys (1930–1996) Erzählung »Auf den Wellen« stehen einem Vater – er lebt getrennt von seiner Familie und hatte sich auf einen gemeinsamen Urlaub mit seiner Tochter gefreut – all diese Hilfsmittel nicht zur Verfügung, und es gelingt ihm nicht, das Kind für Venedig zu begeistern:

Blinzelnd sah Melinda zu Henry auf. »Stürzt Venedig ein, Papa?« fragte sie.
»Na ja – ja und nein«, sagte Henry. »Es *versinkt*, wenn auch nur ganz langsam.«
»Mensch, Papa, du weißt aber eine Menge«, sagte sie mit verzweifelter Begeisterung.
Henry spürte, wie ihm die Röte heiß ins Gesicht stieg. »In jedem Reiseführer kannst du nachlesen ...«, sagte er. Er sprach den Satz nicht zu Ende. [...]

»Es wird also nicht einstürzen, solange wir hier sind?« fragte das Kind. Es lachte zaghaft.

Wollte sie denn, daß Venedig einstürzte? »Nein«, sagte Henry, »es wird nicht einstürzen.« In ihrem Gesicht sah er Enttäuschung [...]

»Was ist?« fragte Henry. »Denkst du etwas? Was denkst du?«

Das Kind schreckte auf, schüttelte den Kopf und zog die Schultern hoch.

»Sag es mir ruhig«, sagte Henry aufmunternd.

»Dann wirst du wütend«, sagte sie.

»Ich?« Er hielt inne. Langsam fuhr er fort: »Und selbst wenn ich wütend werde – das macht doch nichts. Väter und Töchter dürfen ruhig aufeinander wütend werden, wenn sie wollen. Das macht überhaupt nichts. Wir können doch nicht unser Leben lang Angst voreinander haben.« Melinda musterte ihren Daumen. »Oje, und wenn ich wütend werde, fange ich womöglich noch an zu schreien und mit den Armen zu fuchteln und falle in den Canal Grande – wäre das nicht komisch?«

Melinda schwieg.

»Na, komm schon«, sagte Henry. Er beugte sich zu ihr. »Versuch doch, mich wütend zu machen. Probier es aus.«

»Ich hab zuviel Angst«

»Vor mir?«

»Ich weiß nicht«, sagte sie taktvoll. Sie steckte ihren Zeigefinger ins Wasser. Henry konnte nur ihren Hinterkopf sehen.

Ihn überkam jenes Gefühl der Schuldlosigkeit, das man hat, wenn man meint, mißverstanden worden zu sein. »Das Wasser ist schmutzig!« rief er.

Melinda hob den Finger und umfaßte ihn mit der anderen Hand in ihrem Schoß; Wassertropfen färbten ihren blaßblauen Rock dunkel.

Henry sagte: »Ich kann mir nicht vorstellen, daß du mir etwas sagen könntest, das mich wütender machen würde als die Tatsache, daß du es mir *nicht* sagst.«

»Na gut …«, flüsterte Melinda. Die Gondel schwankte. Ein Motorboot, das aussah wie ein Rettungsboot und mit gestapelten Coca-Cola-Kästen beladen war, tuckerte vorbei. »Eigentlich gefällt es mir gar nicht in Venedig.«

»Auf den Wellen« ist eine Erzählung aus den sechziger Jahren, erster Ausdruck der Liebe Brodkeys zu Venedig, einer Liebe, die dauerte.

Das Consorzio Venezia Nuova ermöglicht jedes Jahr Künstlern einen einjährigen Gastaufenthalt. 1992 fiel die Wahl auf den zweiundsechzigjährigen Amerikaner Harold Brodkey. Als er in Venedig eintraf, raubte ihm eine AIDS-Erkrankung bereits die Kräfte, trotzdem nahm er mit *Profane Freundschaft* ein größeres Werk in Angriff.

Profane Freundschaft erzählt, wie immer bei Brodkey, eine stark autobiographische Geschichte: er berichtet von dem mißbrauchten Kind Nino, einem Kind, das sich zu seinem Freund Onni hingezogenen fühlt und gleichzeitig von ihm abgestoßenen ist, er seziert die Ambivalenz eines jungen Mannes, der Frauen und Männer begehrt, und er beschreibt den lebenslangen Versuch der Liebe, der immer in Einsamkeit endet. Und doch trennt Brodkey sich von seinem Ich – geboren in Illinois, aufgewachsen in Missouri –, indem er eine Kindheit und Jugend in Venedig entwirft. Das Experiment ist glaubhaft, da Nino das Kind amerikanischer Eltern ist, die Balance zwischen Authentizität und Fremdheit ist gewahrt. Diesmal erfindet er ein Leben, dessen Verstrickung nicht von Selbstzweifeln und Scham, sondern von einer Woge der Selbstverständlichkeit, der Weltlichkeit Venedigs, getragen wird. Im Epilog schreibt er:

Ich habe nicht gewagt, mich skizzierend diesen Inseln in ihrer täglichen Realität zu nähern, diesen Palazzi und Campi, den würdigen Kirchen und den sie bewohnenden Gemälden mit ihrer zuweilen furchterregenden Schönheit. Statt dessen habe ich aus dem jahrhundertealten Schwelgen der Stadt im Profanen und ihrer Erfindung weltlicher Gnade geschöpft.

Wieso diese Betonung des Profanen? Brodkey führt an anderer Stelle aus:

Nirgendwo in der Stadt sticht ein menschlicher Anspruch auf göttliche Rechte und Allwissenheit ins Auge. Der Wirrwarr von Sackgassen, sich plötzlich auftuenden schmalen, dann weiten Freiräumen und gebogenen oder halsverdrehenden, mehr oder minder breiten, äußersten Himmel-und-Lagunen-Panoramen kündet nicht vom Walten eines einzigen Herrscherauges. Und das zufällige Aufstreben der Fußwege zum hohen Spann schmaler Brücken über die raunenden Kanäle, von Brücken, die einem die Voraussicht rauben, bis man ihre Stufen bis nahe zum Kamm erklommen hat, die Scharen Unbekannter um einen her, alle zu Fuß – nichts davon gemahnt an erlauchte Eingebung. Nichts in Venedig repräsentiert rachitisch einen königlich zentralen Willen und die fromme Selbsthypnose eines einzigen Menschen, der erblich-leibhaftig den gesamten Ort einschließlich anderer Menschen verkörpert, die den Ort (und ihren Platz darin) mit ähnlicher, wenn auch minderer und minder frommer Selbsthypnose lieben.

Der erste Schauplatz ist der elterliche Palazzo an den Zattere. Der Horizont an diesem Ufer ist weit, der Giudeccakanal gleißend im Sonnenverlauf, aber auch Wind und Wetter ausgesetzt – ein Ort für große Gefühle. In Ninos Erinnerungen beschwört der Autor diesen Kai:

Im Alter des Exhibitionismus, wenn man klein ist, schimmert die Seele durch die Haut – die letztlich nur ein Wasserschleier

über der Unschuld ist, welche durchscheint und auf anderen spielt wie ein Licht knapp unter der Wasseroberfläche. Das schwache Strahlen einer Undine oder kindlichen Najade gleicht etwas Glimmendem in dunklem oder licht tanzendem Wasser. Die Welt, die ganze Welt ist für das Kind so einladend wie Wasser. [...]
Eines hellen Zwielichts damals war die Luft während einer langen Kette düsterer und irgendwie zugleich heller Momente von der strömenden, schwebenden Illumination eines Lagunen-Sonnenuntergangs erfüllt. Die Schwaden der Luftverschmutzung waren noch nicht so dicht wie heute. Die Sonne ging noch in den alten Farben unter, in lieblich blassen Gelbs und klaren, blassen Blaus und einem völlig unorange getönten Rot und grellen, unheimlichen Mauvetönen und einem unwahrscheinlich schwefeligen Gold mit Schattierungen von noch metallischer goldenem Gold – der Kindertraum von einem berühmten Himmel. Es war ein, wie Sie wissen, berühmtes und dennoch wirklich vorhandenes Licht, und manche seiner Farben kehrten wie unheimlich verschlissene Flaggen oder Banner auf den Außenwänden des Hauses, des Palazzo wieder.

Später, in der Schule wird der verträumte und behütete Nino konfrontiert mit der Welt eines deutlich verwegeneren Kindes: Onni, schön, athletisch und ruhelos.

Sogleich zu Freunden geworden, rannten wir Seite an Seite durch die schmalen Calli, so daß unsere Tornister die Beine des anderen schrammten oder die eigenen knufften. Das war nach der Schule, als andere Kinder um uns waren und in den engen Passagen leuchtend und matt getönte Stimmen aufstiegen. Nicht immer brüllten wir. Vielerlei Tonlagen standen uns zur Verfügung, wenn wir, von wildem Gebrüll umgeben, durch das verkehrslose Venedig liefen.

Die Kinder sind sich selbst überlassen, ihr Revier ist die ganze Stadt. Es wird oft behauptet, Venedig sei keine Stadt für Kinder: kaum Parks, keine Sandkästen, keine Spielplätze. Doch brauchen Kinder Spielplätze in einer Stadt ohne Autoverkehr, umgeben von Wasser und Inseln? Die vielen Fußballplätze am Rand der Stadt – in Santa Marta, in San Alvise, im und hinter dem Arsenal am Anleger Bacini, und auf Sant'Elena – suchen und finden die meisten Touristen nicht. Ebenso übersehen sie den Basketballhof hinter verrosteten Eisentoren in der Calle Lunga San Barnabà oder das Schwimmbad auf Sacca Fisola. Und der Sandkasten der venezianischen Kinder ist der Lido. Von Mai bis September ist er den Venezianern Sommerfrische, die Stimmung ist – wie Thomas Mann sie schon empfand – gleichermaßen beschaulich wie ausgelassen.

Schon war die graue flache See belebt von watenden Kindern, Schwimmern, bunten Gestalten, welche die Arme unter dem Kopf verschränkt, auf den Sandbänken lagen. Andere ruderten in kleinen rot und blau gestrichenen Booten ohne Kiel und kenterten lachend. Vor der gedehnten Zeile der Capannen, auf deren Plattformen man wie auf kleinen Veranden saß, gab es spielende Bewegung und träg hingestreckte Ruhe, Besuche und Geplauder, sorgfältige Morgeneleganz neben der Nacktheit, die keck-behaglich die Freiheiten des Ortes genoß. Vorn auf dem feuchten und festen Sande lustwandelten einzelne in weißen Bademänteln, in weiten, starkfarbigen Hemdgewändern. Eine vielfältige Sandburg zur Rechten, von Kindern hergestellt, war rings mit kleinen Flaggen in den Farben aller Länder besteckt.

Auch Nino und Onni zieht es übermütig an den Strand. Ihre Freundschaft schwankt beständig zwischen Innigkeit, Haß und distanzierter Gleichgültigkeit. Und dann mischt sich in dieses Stimmungsgemenge noch die pubertäre Erotik der Knaben. Tragische Gestalten werden zu Figuren der Commedia dell'Arte, das ist die zärtliche Betrachtungsweise. So wird das Maß an Intimität erträglich und berührend.

Hinter den Gartenmauern der Villa seiner Tante am Lido, bei fleckenweise und sporadisch mal kühler, mal warmer Sonne, inmitten von Küstenpinien, in einem heidnischen Hain, steckt Onni, mit offenem Mund atmend, ohne Vorankündigung und Erklärung – ah, das pantomimisch modulierte Schweigen eines gewitzten Italieners – sich Pinienzapfen in sein Hemd und hält sie von unten, wie Brüste.
Und dann stimmt er, Travestie, äußerst geübt ein neapolitanisches Lied an, obszön und ordinär, spaziert mit wiegenden Hüften umher und läßt dabei mit beiden Händen die ungleichen Brüste hüpfen, teils auch rotieren – die Pinienzapfen in seinem Hemd. [...]
»Gehen wir rein«, sagte er. »In die Villa.«
Das taten wir. Wir ließen uns in der prächtigen *sala* nieder. Der riesige grüne Raum war ausufernd kalt.
Onni triebe Grappa und Gläser auf. Und ausgetrocknete Zigaretten in einer Silberdose – venezianischer Luxus. Er machte in dem weißen Ofen am anderen Ende des Raums Feuer, ging in einen Flur und zündete eine Gasheizung, die durch Gitter im Fußboden warme Luft aufsteigen ließ. Wir tranken und unterhielten uns.
Dann sagte er, er habe eine bessere Idee. In der Kälte zog er sich aus, während die Feuer in Gang kamen und knisterten und pusteten. Ferne, halbherzig ausgesperrte Geräusche des Meeres, der Adria befanden sich in dem weiten Raum. [...]
Es klingt blödsinnig, aber ich habe nie eingewilligt weiterzumachen.

Onni ist ein großer Schauspieler und wird ein großer Schauspieler. Schon als Kind hat er eine große Leidenschaft für das Kino. Die

Provinzialität seiner Heimatstadt ist ihm nicht Anregung genug, das Kino sein Ausblick in die Welt. In Ninos und Onnis Kindheit der dreißiger Jahre war die Provinz zumindest noch an die Welt des Kinos angeschlossen. Seitdem mußte auch in Venedig ein Kino nach dem anderen schließen und steht leer, wie der Unterschlupf der Kinder in *Der Herr der Diebe* oder wurde in einen Supermarkt umgewandelt. Die vier verbliebenen Häuser – das Accademia im Dorsoduro, das Ritz und das Rossini in San Marco und das Giorgione im Cannaregio – lassen Venedig zumindest teilhaben an den risikolosen internationalen Erfolgsstreifen. Das Programmkino jedoch bleibt den Filmfestspielen überlassen, die unter weitgehendem Ausschluß der venezianischen Öffentlichkeit alljährlich auf dem Lido stattfinden. 1932 im Garten des Grand Hotel Excelsior zur Unterhaltung der Gäste ins Leben gerufen, fand Mussolini schnell Gefallen an dieser damals weltweit einzigartigen Veranstaltung und ließ 1936 den Palazzo del Cinema erbauen. Faschistisches Propagandabedürfnis wurde bis Kriegsbeginn 1939 geadelt durch internationale Teilnahme und Bedeutung: Jean Renoir, Joseph von Sternberg, John Ford und Frank Capra lieferten Festivalbeiträge. Nach dem Krieg boten die Festspiele dem neuen italienischen Kino eine Plattform, und bereits in den fünfziger Jahren öffnete es sich für das Kino Asiens und Lateinamerikas. Eine wichtige Rolle spielten auch immer die Produktionen des Ostblocks. Politisches Engagement war fast jeder Festivalleitung wichtig, 1968 hat man für einige Jahre die Verleihung des Goldenen Löwen abgeschafft, um den Blick auf die Inhalte zu fokussieren. Inzwischen ist das Festival wieder stärker kommerzialisiert, doch 2001 trat erneut die politische Diskussion in den Vordergrund. Mehrere Beiträge bezogen direkt oder indirekt Stellung gegen Silvio Berlusconis innenpolitischen Kurs, unter anderem eine Dokumentation des Polizeieinsatzes während des G8-Gipfels in Genua im gleichen Sommer. Kulturminister Giuliano Urbani sagte den Festspielen den Kampf an: politische Unbotmäßigkeit wird gekontert mit Mittelkürzungen und, soweit durch die Statuten des Festivals möglich, schärferer Kontrolle bei der Auswahl von Festivalleiter und -programm.

Während der offizielle Wettbewerb dem geladenen Publikum vorbehalten ist, steht das Mitternachtsprogramm dem allgemeinen Publikum frei. Doch den meisten Spaß bereitet ein »Ableger« des Festivals auf dem Campo San Polo. Diese Vorstellungen unter freiem Himmel sind der moderne Ersatz für Goldonis Theateraufführungen. Lachend, weinend, schreiend nimmt das Publikum lauthals teil an der Handlung und versucht durch Zwischenrufe das Unvermeidliche noch aufzuhalten. Einige Tage ist Venedig wieder die Stadt des Films. Den Rest des Jahres hilft ein Blick gen Mestre: hier gibt es immerhin acht Kinos. Eines davon spielte eine tragische Rolle in dem an eine wahre Begebenheit angelehnten Roman *Flucht nach Venedig* der Amerikanerin Donna Jo Napoli (*1948), deren Familie ursprünglich aus der Lagunenstadt stammt.

Im Frühsommer 1942 – Italien hatte den USA ein gutes halbes Jahr zuvor den Krieg erklärt – liefen eigentlich keine amerikanischen Filme mehr in der Stadt. Da erfahren Roberto, sein großer Bruder und zwei seiner Freunde, daß in Mestre ein Western gezeigt werden soll. Sie treffen sich an der Scalzi-Brücke, um gemeinsam den Film anzusehen:

Sie machten sich auf den Weg zu der Straße, die aufs Festland führte. Die Sonne brannte vom Himmel. Das Wasser der Lagune war seicht und klar. Elritzenschwärme huschten darin umher. Das Wasser stand so niedrig, dass Roberto ein paar Krabben entdeckte, die einen toten Barsch umschwirrten. Ein einsames Ruderboot schaukelte sanft vor sich hin. Der Besitzer war nirgends zu sehen.
Auf den Schienen zu ihrer Linken rumpelte ein Zug vorbei. Roberto schreckte bei dem Geräusch auf. Er behielt die Straße

weiter genau im Auge. Wer würde die Polizei zuerst entdecken? Doch außer vereinzelten Lastwagen und dutzenden von Fahrrädern mit aufeinander gestapelten Kisten überholte sie niemand. Das Kino lag in der Nähe des Bahnhofs, und als sie es endlich erreichten, stand keine Schlange davor. Das hieß, sie waren zu spät dran. Sie kauften die Karten, eilten hinein und betraten ganz leise den dunklen Raum. Aus den Lautsprechern dröhnte die Wochenschau. [...]

Langsam gewöhnten sich Robertos Augen an die Dunkelheit. Er blickte sich um. Das Kino war voller Jungen. Keine Mädchen, soweit er sehen konnte. Vermutlich mochten Mädchen Western nicht so gern, außerdem würden die meisten Mütter ihre Töchter nicht ohne Begleitung ins Kino lassen. Ein paar Reihen weiter vorn entdeckte er einige Jungen aus Venedig. Doch die meisten stammten aus Mestre und den kleinen Dörfern ringsum. Erwachsene sah er nicht unter den Zuschauern.

Die Wochenschau war zu Ende und der Western begann. Roberto las den Titel und den Namen der Schauspieler auf der Riesenleinwand.

Plötzlich gingen die Lichter an. Roberto blinzelte gegen die Helligkeit. Die Jungen beschwerten sich murrend und pfeifend. Er stimmte ein.

Die Pfiffe vermischten sich mit Schreien. Deutsche Soldaten marschierten die Reihen entlang. [...] Alle zwängten sich in die Gänge. [...] Die Soldaten brüllten die stolpernde Menge an. Mit hölzernen Schlagstöcken schlugen sie vor die Beine der Jungen. [...]

»Wieso?«, fragte Roberto. »Die Deutschen sind doch auf unserer Seite.«

»Die Deutschen sind nur auf ihrer Seite!«, sagte Samuele. [...]

Ein Soldat brüllte ihn an, ein Italiener. Jetzt, da auch italienische Soldaten hier waren, konnte alles nur besser werden. Erleichtert steuerte Roberto auf den Soldaten zu, aber der brüllte ihn nur an, er solle mit der Menge gehen.

Die Filmvorführung ist eine Falle. Mit Unterstützung ihrer italienischen Verbündeten wurden auf diese Art kräftige Knaben selektiert und zum Arbeitsdienst verschleppt. Immer weiter nach Osten bringt sie ihr Einsatz als Zwangsarbeiter. Sie werden getrennt. Sie hungern und frieren mit einbrechendem Winter. Tief in der Ukraine gelingt Roberto die Flucht – er macht sich auf den Rückweg nach Venedig. Ein aufreibendes und wahnwitziges Unterfangen.

Robertos Erlebnis weist Parallelen auf zu Primo Levis (1919–1987) Roman *Wann, wenn nicht jetzt.* Der nach Auschwitz verschleppte Turiner Chemiker verarbeitete einen Teil seiner grauenvollen Erfahrungen in der Geschichte einiger KZ-Flüchtlinge. Diese queren 1943 die Wälder Weißrußlands und schlagen sich unter Aufbietung ihres ganzen Widerstandswillens bis ans Mittelmeer durch. Bei Levi diktiert Verzweiflung die Handlung, doch Donna Jo Napoli hat – trotz aller geschilderter Härten – ein Jugendbuch geschrieben und verliert die Hoffnung auf ein gutes Ende nicht aus den Augen.

Die Erinnerungen an die Wasser Venedigs geben Roberto Trost. Eine List und sein souveräner Umgang mit diesem Element sind schließlich seine Rettung:

Roberto stand mit dem Gleichgewichtssinn eines *gondoliere* im Boot. Völlig im Blickfeld des Patrouillenboots, beugte er sich über den Römer und richtete die Pistole auf ihn. Der Römer starrte ihn verzweifelt an. Roberto wandte sein Gesicht dem Licht zu und lächelte. Er winkte den Männern im Boot mit der Pistole zu. Das Licht blendete ihn, aber er grinste so breit er konnte. Er fühlte sich seltsam glücklich. Unverletzlich. Er lachte.

Durch die Selbstverständlichkeit, mit der er das Boot führt, täuscht er die Ukrainer, durch seine Unverfrorenheit beeindruckt er den italienischen Soldaten Maurizio, der in Bulgarien desertiert ist.

Endlich haben die beiden den Bosporus erreicht, aber sie sind noch nicht in Sicherheit. Roberto jedoch ist zuversichtlich, daß es ihnen gelingen wird, nach Venedig heimzukehren:

Roberto fühlte eine alles durchdringende Kraft in sich – die Kraft eines starken Willens [...]. Genug Kraft, um sie zu teilen.
»Spürst du diesen Stein?« Roberto nahm den geschenkten Stein des polnischen Mädchens aus der Tasche und streckte seine Hand aus. »Fühl mal.«
Maurizio berührte den glatten Stein.
»Man braucht nur Steine, Maurizio. Wenn man genug Steine hat und das Wasser ist seicht genug, kann man in den Wellen eine Stadt erbauen. Wie Venedig.«
Maurizio sah Roberto verwirrt an.
»Ich werde ein Stein sein, Maurizio. Ich werde ein Teil der neuen Stadt sein. Genau wie du.«

→ Tod in Venedig

EIN MISSVERSTÄNDNIS

Festa del Redentore – Festa della Madonna della Salute – Grand Hotel des Bains, Lido – Lazzaretto Vecchio – »Gli habiti de' Veneziani« von Giovanni Grevembroch, Museo Correr – Ossario Sant'Ariano – Piazza San Marco – San Michele

Zwei der wichtigsten venezianischen Feste finden – kalendarisch bedingt – weitgehend unbemerkt von der touristischen Öffentlichkeit statt. Die Festa del Redentore und die Festa della Madonna della Salute, beides Dankfeste für eine überstandene Pestepedemie. Für Redentore beginnen die Feierlichkeiten und finden auch ihren Höhepunkt am Abend des dritten Samstag im Juli. Der Individualreisende weilt nicht in der Stadt – denn obwohl er individuell reist, tritt er nur in Massen auf: zu Ostern, zu Pfingsten, zu Allerheiligen oder auch an Sylvester, der Hochsommer jedoch ist für die Toskana reserviert; und der Massentourist – aus den umliegenden Badeorten der Adria zu einer Tagestour eingefallen – ist längst wieder auf dem Rückweg, wenn das Fest beginnt. Bis zu 200 000 Venezianer (was wir »Venedig« nennen, ist die historische Altstadt, hier wohnen noch etwa 70 000 Menschen, doch auch die Bewohner von Mestre, Marghera und den Inseln sind Venezianer) und Besucher aus dem Veneto nehmen Kurs auf Il Redentore, die Palladio-Kirche auf der Giudecca. Zwischen den Zattere und dem Giudecca-Ufer ist eine Pontonbrücke gelegt. Im Kanal liegen Ruderboote, Lastschiffe und Yachten dicht an dicht, wer wollte, könnte auch springend über die Boote ans andere Ufer gelangen. An Deck biegen sich die improvisierten Tische unter der Last der vorbereiteten Speisen, der Wein funkelt in den letzten Strahlen der untergehenden Sonne. Mit der Dämmerung erglimmen Tau-

sende von bunten Lichtern und Ampeln. Musik und Gesang wehen über das Wasser. Auch an den Ufern haben sich Freunde und Familien mit Tischen und Bänken eingerichtet und machen sich über die mitgebrachten Köstlichkeiten her. Im Bacino di San Marco beziehen vier größere Schiffe Stellung, gegen Mitternacht zünden sie ein grandioses Feuerwerk. Dogenpalast, San Marco, Salute, San Giorgio Maggiore werden in allen Farben illuminiert, Lichterkaskaden spiegeln sich auf der weiten Wasserfläche. Irgendwann zieht der Rauch wie Nebel über die Stadt. Doch auch dann wird immer noch weitergefeuert, erst nach knapp einer Stunde ist das Spektakel vorbei. Langsam verläßt der Bootscorso den Kanal und nimmt jetzt Kurs auf die Strände des Lido, wo bis zum Morgengrauen weitergefeiert wird. Am Sonntag, dem eigentlichen Feiertag, beschließen eine Prozession und ein Gottesdienst den Gedenktag. Umgekehrt ist es beim Salutefest am 21. November: Hier leiten eine Prozession, für die eine Pontonbrücke über den Canal Grande gelegt wird, und ein Gottesdienst im Lichte unzähliger Kerzen die Feierlichkeiten ein. Abends treffen sich die Venezianer dann zu *castradina con verze*, einer dicken Suppe aus luftgetrocknetem dalmatischen oder albanischen Hammelfleisch und Wirsing. Anlaß dieser traditionellen Feste waren zwei der schlimmsten Pestepidemien, die Venedig heimsuchten. Kaum überstanden, machte sich die Lebenslust wieder breit, und an den Jahrestagen ist sogar im Novembernebel nichts von Morbidität zu spüren. Doch wieder sind kaum Touristen in der Stadt. So konnte in der Vorstellung der Fremden ein Topos festsetzen: der »Tod in Venedig«, der das Venedigbild fest im Griff hat. Das Klischee ist jüngerer Natur, galt Venedig doch über Jahrhunderte als Synonym für Vergnügen und lustvolle Ausschweifung. Hat sich wirklich die Stadt geändert oder eher ihre Rezeption?

← **Auf der Friedhofsinsel San Michele**

In Lissabon, Wien, Venedig – hier entdecken Reisende – und ihre professionellen Begleiter erst recht – die Nähe des Todes: das zarte Grau der Melancholie. In Bangkok, Rio de Janeiro und Kapstadt jedoch tobt das pralle Leben: farbige Lebenslust. Mit dem Tod läßt sich eben nur trefflich kokettieren, wenn man ihm nicht an jeder Straßenecke begegnet. Doch was steckt hinter der gebetsmühlenartigen Wiederholung der Morbidität? Es ist der Abgesang auf die einstige Bedeutung dieser Stadt (und auch Lissabons und Wiens), der vermeintliche Widerhall verlorener Größe. In seiner Veröffentlichung *Die Welt des Mittelmeers* fragt der französische Historiker Fernand Braudel (1902–1986) jedoch in einem Venedig-Essay: »Warum sollte einem ausschließlich die Größe oder einzig der Verfall in den Sinn kommen? Und überhaupt: welche Größe?«

Doch wie das bei Klischees so ist, einmal in die Welt gesetzt, führen sie ein kreatives Eigenleben. Als Stichwortgeber wird gerne Thomas Mann (1875–1955) zitiert. Schaut man sich aber seine Novelle genauer an – den Text, nicht Luchino Viscontis (1906–1976) melancholische Verfilmung, unterlegt mit der elegischen Musik Mahlers –, dann ist festzustellen, daß Mann die Stimmung der Stadt nicht als morbid beschreibt. Auch Todesahnung oder gar Todessehnsucht, die ihn angesichts der Stadt überfällt oder die ihn in die Stadt getrieben hat, ist nicht auszumachen, im Gegenteil. Sein Held Aschenbach quartiert sich auf dem Lido im Grand Hotel des Bains ein und hat vor, hier den ganzen Sommer zu verbringen:

Der Sand glühte. Unter der silbrig flirrenden Bläue des Äthers waren rostfarbende Segeltücher vor den Strandhütten ausgespannt, und auf dem scharf umgrenzten Schattenfleck, den sie boten, verbrachte man die Vormittagsstunden. Aber köstlich war auch der Abend, wenn die Pflanzen des Parks balsamisch dufteten, die Gestirne droben ihren Reigen schritten und das Mur-

meln des umnachteten Meeres, leise heraufdringend, die Seele besprach. [...]
Der wohlige Gleichtakt dieses Daseins hatte ihn in seinen Bann gezogen, die weiche und glänzende Milde dieser Lebensführung ihn rasch berückt. Welch ein Aufenthalt in der Tat, der die Reize eines gepflegten Badelebens an südlichem Strande mit der traulich bereiten Nähe der wunderlich-wundersamen Stadt verbindet! Aschenbach liebte nicht den Genuß. Wann immer und wo es galt zu feiern, der Ruhe zu pflegen, sich gute Tage zu machen, verlangte ihn bald – und namentlich in jüngeren Jahren war dies so gewesen – mit Unruhe und Widerwillen zurück in die hohe Mühsal, den heilig-nüchternen Dienst seines Alltags. Nur dieser Ort verzauberte ihn, entspannte sein Wollen, machte ihn glücklich.

Trotzdem ist Aschenbach seltsamer Stimmung. Teilweise melancholisch, dann aber wieder lebhaft und angeregt. Das Auf und Ab seiner Gefühle entspringt erotischer Verstrickung, unerfüllt und doch voller Verheißung – bevor er schwer erkrankt und das Bewußtsein verliert. Die Umstände seines Todes wiederum eröffnen einen zweiten, eher prosaischen Erzählstrang: In Venedig ist die Cholera ausgebrochen, was aber zu Beginn des 20. Jahrhunderts, in einer Hafenstadt zumal, nichts Ungewöhnliches war. Aschenbachs aufgewühlte persönliche Situation wird mit dieser kollektiven Bedrohung konfrontiert:

Seit mehreren Jahren schon hatte die indische Cholera eine verstärkte Neigung zur Ausbreitung und Wanderung an den Tag gelegt. Erzeugt aus den warmen Morästen des Ganges-Deltas [...] hatte die Seuche in ganz Hindustan andauernd und ungewöhnlich heftig gewütet [...] und, den Hauptstraßen des Karawanenverkehrs folgend, ihre Schrecken bis Astrachan, ja selbst bis Moskau getragen. Aber während Europa zitterte, das Gespenst

möchte von dort aus und zu Lande seinen Einzug halten, war es, von syrischen Kauffahrern übers Meer verschleppt, fast gleichzeitig in mehreren Mittelmeerhäfen aufgetaucht, hatte in Toulon und Malaga sein Haupt erhoben, in Palermo und Neapel mehrfach seine Maske gezeigt und schien aus ganz Kalabrien und Apulien nicht mehr weichen zu wollen.
Der Norden der Halbinsel war verschont geblieben. Jedoch Mitte Mai dieses Jahres fand man zu Venedig an ein und demselben Tage die furchtbaren Vibrionen in den ausgemergelten, schwärzlichen Leichnamen eines Schifferknechtes und einer Grünwarenhändlerin. Die Fälle wurden verheimlicht. Aber nach einer Woche waren es deren zehn, waren es zwanzig, dreißig, und zwar in verschiedenen Quartieren. Ein Mann aus der österreichischen Provinz, der sich zu seinem Vergnügen einige Tage in Venedig aufgehalten, starb, in sein Heimatstädtchen zurückgekehrt, unter unzweideutigen Anzeichen, und so kam es, daß die ersten Gerüchte von der Heimsuchung der Lagunenstadt in deutsche Tagesblätter gelangten. Venedigs Obrigkeit ließ antworten, daß die Gesundheitsverhältnisse der Stadt nie besser gewesen seien, und traf die notwendigen Maßregeln zur Bekämpfung. Aber wahrscheinlich waren Nahrungsmittel infiziert worden, Gemüse, Fleisch oder Milch, denn geleugnet und vertuscht fraß das Sterben in der Enge der Gäßchen um sich, und die vorzeitig eingefallene Sommerhitze, welche das Wasser der Kanäle laulich erwärmte, war der Verbreitung besonders günstig. [...] Achtzig vom Hundert der Befallenen starben, und zwar auf entsetzliche Weise, denn das Übel trat mit äußerster Wildheit auf [...] Anfang Juni füllten sich in der Stille die Isolierbaracken des Ospedale civico, in den beiden Waisenhäusern begann es an Platz zu mangeln, und ein schauerlich reger Verkehr herrschte zwischen dem Quai der neuen Fundamente und San Michele, der Friedhofsinsel.

Aschenbach steckt sich in Venedig nicht an einer melancholischen Stimmung an, sondern fällt ganz handfest und so gar nicht sinnfällig, einer skrupellosen Seuchenpolitik zum Opfer, die Folge einer sehr diesseitigen Geschäftstüchtigkeit aller Verantwortlichen:

Aber die Furcht vor allgemeiner Schädigung, die Rücksicht auf die kürzlich eröffnete Gemäldeausstellung in den öffentlichen Gärten, auf die gewaltigen Ausfälle, von denen im Falle der Panik und des Verrufes die Hotels, die Geschäfte, das ganze vielfältige Fremdengewerbe bedroht waren, zeigte sich mächtiger in der Stadt als Wahrheitsliebe und Achtung vor internationalen Abmachungen; sie vermochte die Behörde, ihre Politik des Verschweigens und des Ableugnens hartnäckig aufrecht zu erhalten.

Die zynische Haltung der Stadtväter, die Thomas Mann hier anklagt, dürfte ihm auch im historischen Vergleich bemerkenswert erschienen sein. Zu Zeiten der Republik hatte Venedig eine Vorreiterposition in Fragen der Seuchenpolitik und -hygiene inne.

Wegen der Malaria hatten die Venezianer Torcello entsiedelt, als die Insel zu sehr versumpfte, doch die ersten politischen Maßnahmen gegen eine Seuche im eigentlichen Sinne datieren von 1348. Bereits im Jahr zuvor war die Pest, die sich aus China oder Indien entlang der Seidenstraße ausbreitete, in Konstantinopel ausgebrochen. In der Bibel und in der gesamten antiken Geschichtsschreibung ist immer wieder von Pestepidemien im Mittelmeerraum die Rede, auch im 6. und 7. Jahrhundert gab es vernichtende Seuchenzüge in Europa, doch jetzt begannen mehrere Jahrhunderte, in denen der »Schwarze Tod« beständig durch Europa wanderte, regelmäßig betroffen: Venedig.

Die Stadt rief sofort eine Gesundheitskommission ins Leben, die die Einhaltung bereits bestehender Vorschriften zur Abfallbeseitigung und im Lebensmittelhandel überwachen sollte. Venedig verlangte als erste Stadt von ankommenden Fremden einen Pestbrief, der ihnen bescheinigte, daß sie aus pestfreien Gefilden kamen. In den Jahren 1348/49 starben in Europa von Sizilien bis Island wahrscheinlich 25 Millionen Menschen, das war in etwa ein Drittel der Bevölkerung. Venedig allein hatte über 40 000 Tote zu beklagen.

Da sich der Pestbrief als unzureichend erwies, ersetzten die Venezianer ihn durch Quarantäne; *quaranta giorni,* vierzig Tage lang, wurden verdächtige Reisende auf der Insel Santa Maria di Nazarethum, der heutigen Insel Lazzaretto Vecchio, beobachtet, bevor sie die Stadt betreten durften. In der Umgangssprache verschliff sich das Nazarethum zu Lazarethum, die Isolierstation diente dann auch als Peststation, als Krankenhaus, und in dieser Funktion kennen wir das Wort Lazarett.

Waren und Schiffe wurden durch Ausräuchern desinfiziert, Ratten und Flöhe, die die Krankheit übertrugen, überlebten aber häufig. Ausräuchern schien überhaupt die einzige Möglichkeit, die Ansteckung zu verhindern. Auch Häuser von Pesttoten wurden so wieder bewohnbar, nachdem man ihr Hab und Gut verbrannt hatte.

Im Museo Correr ist ein Zyklus typischer venezianischer Bekleidungen *Gli habiti de' Veneziani* von Giovanni Grevembroch ausgestellt. Auf einer dieser Zeichnungen ist auch das Habit eines Pestarztes zu sehen: Mit einem Umhang vermummt, versucht er sich durch eine Maske zu schützen, in deren langem Schnabel Essig und Riechwässer die krankmachenden Dünste – oder zumindest den Gestank der Eiterbeulen – abhalten sollen; in der Hand hält diese beängstigende Gestalt, die einem Raubvogel gleicht, einen Stock, damit sie die Kranken nicht berühren muß.

Neben der Isolation möglicher oder tatsächlicher Kranker, dem Verbot öffentlicher Versammlungen und Veranstaltungen – Märkten, Prozessionen und Messen – blieb für den, der es sich leisten konnte, die Aufforderung zur Flucht auf die *terra ferma.*

Im Jahr 1486 – seit über hundert Jahre war die Pest regelmäßig aufgeflackert – wurde der *Magistrato della Sanità* eingesetzt, eine Gesundheitsbehörde mit weitreichenden Befugnissen, die selbständig Gesetze erlassen und deren Einhaltung unerbittlich verfolgen konnte. Bald unterlag diesem Magistrat fast das ganze öffentliche Ordnung. Und immer wieder gab es Jahre, in denen die Aufgaben der Republik in nichts anderem bestanden, als mit der Pest und ihren Folgen fertigzuwerden. Es wurde immer schwieriger Ärzte, Pfleger, Bestatter und Ordnungskräfte zu finden. Prostituierte und Strafgefangene wurden zwangsrekrutiert. In den schlimmen Pestjahren 1575/77 und 1630/31 brach das gesamte städtische Leben zusammen. Schließlich glaubte man, daß nur noch ein Gelübde helfen könne, und so wurden, als die Krankheit endlich abflaute, zwei der prächtigsten Kirchen der Stadt gestiftet, Il Rendentore und Santa Maria della Salute.

Ein nicht zu unterschätzendes Problem in der Enge der Lagunenstadt stellten die Leichen dar. Nicht nur die Opfer der Epidemien, sondern generell. Als Friedhof benutzte und benutzt man eine eigene Insel zwischen Fondamente Nove und Murano: San Michele. Doch der Platz reichte nicht, um die vollständige Verwesung der Leichen abzuwarten, und so wurden die Gebeine nach einiger Zeit auf eine weitere Insel im Nordosten Torcellos umgebettet, auf den Ossario Sant'Ariano. Die hier aufgehäuften Knochen- und Schädelberge inspirierten den Amerikaners Robert Girardi (*1961) zu seinem romantisch-makaberen Roman *Vaporetto 13*. Jack Squire, erfolgreicher Broker, kommt im Auftrag seiner Bank nach Venedig, um die italienischen Märkte zu studieren. Doch als er der seltsamen Caterina Vendramin begegnet, als sich herausstellt, daß diese nur zu Verabredungen in den ganz späten Nachtstunden bis zum Morgengrauen bereit ist, vernachlässigt er zunehmend seine Aufgaben und setzt völlig neue Prioritäten in seinem Leben. Was der Leser schon relativ früh ahnt, Jack Squire aber erst sehr spät realisiert: Er ist den Lockungen einer Untoten von Sant'Ariano erlegen.

Ich stand entgeistert auf. Wir waren von nichts umgeben, Wasser, Schlammbänke, Schilf. Nicht einmal der Schrei eines Vogels wurde vom Wind herübergetragen. »Wo sind die Häuser?« brachte ich hervor. »Die Leute?«

Rinio unterdrückte ein Lachen. »Hier hat es seit fünfhundert Jahren keine Häuser mehr gegeben«, sagte er. »Vor langer Zeit, ich glaube es war in den *sedicesimo*, haben sie alle Häuse abgetragen, um Platz für das hier zu schaffen.« Er zeigte auf die ferne Mauer.

Ich blinzelte. Es sah nach gar nichts aus. Noch so eine Ruine, die irgendwann von der Lagune verschluckt werden würde. »Das hier kann es nicht sein«, ich bemühte mich, meine Panik nicht durchklingen zu lassen. »Ich meine, sie wohnt hier. Ihre Freunde wohnen hier.«

»Das hier ist Sant'Ariano, mein Freund. Und ich sage dir, hier wohnt niemand.«

»Nein«, sagte ich. »Das ist unmöglich.«

Rinio zuckte die Achseln. »Wenn du mir nicht glauben willst, fahren wir rüber und sehen es uns an.« [...]

Ich lehnte mich zur Seite hinaus und sah in das trübe Wasser. Wenige Zentimeter unter der Oberfläche lagen die Knochen von Dogen und Kurtisanen, Fischweibern und Kindern, Künstlern, Müttern, Töchtern, Priestern, Klempnern, Gondolieri, Händlern, Bettlern, Liebenden, Verrückten und all den anderen. Venedigs Tote aus vielen Jahrhunderten, grün schimmernd, von Algen zerfressen, dem Schlamm zurückgegeben, aus dem sie gekommen waren. *Im Hause ihres Vaters sind viele Wohnungen,* flüsterte ich, und ein Schauer des Entsetzens durchlief mich, als ich an Caterinas knochenweiße Haut dachte, wie makellos rein sie immer gewesen war und wie kühl, wenn man sie berührte, und plötzlich wurde mir ganz schwach und übel, und ich setzte mich auf die roten Kissen und legte den Kopf in die Hände.

Die geheimnisvolle Caterina Vendramin hat noch den Glanz echten Adels auf ihrer Seite, auch wenn dieser nach den vielen Jahrhunderten reichlich abgewetzt und wunderlich wirkt. Dekadente Fassade hingegen sind die Bemühungen der ebenfalls im trüben Wasser versinkenden Marchesa Montetristo – »einer geborenen Waterman aus Little Gidding, Ohio« – von der Wolfgang Hildesheimer (1916–1991) in einer seiner *Lieblosen Legenden* in »Das Ende einer Welt« erzählt.

Die Insel hatte sich die Marchesa einige Kilometer südöstlich von Murano aufschütten lassen, einer plötzlichen Eingebung folgend, denn sie verabscheute das Festland – sie sagte, es sei ihrem seelischen Gleichgewicht schädlich – und unter dem bereits vorhandenen Bestand an Inseln hatte sie keine Wahl treffen können, zumal da der Gedanke, sie mit jemandem teilen zu müssen, unerträglich war. Hier nun residierte sie und widmete ihr Leben der Erhaltung des Altbewährten und der Erweckung des Vergessenen oder, wie sie es auszudrücken beliebte, der Pflege des Echten und Bleibenden.

Eines Tages wird dem Ich-Erzähler die Ehre zuteil, zu einer ihrer berühmten Gesellschaften eingeladen zu werden, der Erstaufführung zweier wiederentdeckter Flötensonaten Antonio Giambattista Blochs, einer Entdeckung des anwesenden Musikforschers Weltli. Die Marchesa unterbricht mitten im Spiel:

»Meine verehrten Gäste«, sagte sie, »wie ich soeben erfahre, lösen sich die Fundamente der Insel und damit des Palastes. Die Meerestiefbaubehörden sind benachrichtigt. Ich glaube jedoch,

daß es in unser aller Sinne ist, wenn wir mit der Musik fortfahren.« […]
Auf dem Parkett bildeten sich kleine Pfützen. […]
Ich aber stand auf und sagte, »ich gehe«, leise genug, um die Musiker nicht zu verletzen, aber laut genug, um den anderen Gästen zu bedeuten, daß ich mutig genug war, mein plötzlich wachgewordenes Gefühl der Distanz einzugestehen. […]
Ich band die letzte Gondel los, die das fliehende Personal übriggelassen hatte, und stach in See. Durch die Fenster, an denen ich vorbeiruderte, stürzten nun die Fluten in den Palast und blähten die Portieren, nassen Segeln gleich. Ich sah, daß sich die Gäste von den Sitzen erhoben hatten. Die Sonate mußte zu Ende sein, denn sie klatschten Beifall, zu welchem Zwecke sie die Hände hoch über den Köpfen hielten, denn das Wasser stand ihnen bis zum Kinn. Mit Würde nahmen die Marchesa und Monsieur Béranger den Beifall auf. Verbeugen konnten sie sich allerdings unter den Umständen nicht.
Nun erreichte das Wasser die Kerzen. Sie verloschen langsam, und mit zunehmender Dunkelheit wurde es still; der Beifall erlosch und verstummte, wie auf ein schreckliches Zeichen.
Plötzlich setzte das Getöse eines zusammenstürzenden Gebäudes ein. Der Palazzo fiel. Ich lenkte die Gondel seewärts, um nicht vom herabfallendem Stuck getroffen zu werden.

Diese Erzählung begleitet eine der gemeinen, feinen Zeichnungen des Südtirolers Paul Flora (*1922): Das kunstbeflissene Publikum, das Wasser steht ihnen bis zum Halse, andächtig in den Musikgenuß versunken. Von einem ihrer Freunde ist nur noch der dümpelnde Zylinder übrig. Mit dem Bildband *Die welke Pracht* veröffentlichte Flora eine eigenständige Hommage an Venedig.

Robert Girardi und Wolfgang Hildesheimer spielen mit dem Tod in Venedig. Trostlos hingegen sind all die vermeintlichen Epigonen Thomas Manns, die sich larmoyant am Thema versuchen.

Als Prototyp kann man *Mistlers Abschied* von Louis Begley (*1933) betrachten. Thomas Mistler, brillanter Partner einer Werbeagentur, erfährt, daß ihm sein Leberkrebs nur noch kurze Zeit läßt. Die will er nicht mit Frau und Sohn verschwenden und reist allein nach Venedig. Und das Schicksal meint es gut mit ihm: Mit einer neuen Flamme erlebt er einen letzten Frühling; mit einer alten Flamme schwelgt er in Erinnerungen. Unklar bleibt, ob er dabei nicht glücklich wird, weil sein Ende naht, oder ob es letztlich Venedig ist, das ihn hinunterzieht.

Eine ähnliche Lebenssituation, die aber anders als in *Mistlers Abschied* nicht ins Reich der Banalitäten führt, ist der Auslöser einer anderen Reise durch Norditalien und nach Venedig, die der Australier Robert Dessaix (*1947) in seinem Roman *Briefe aus der Nacht* festgehalten hat. Als sein Protagonist erfährt, daß er HIV-positiv ist, flieht er nach Europa. In zwanzig Briefen berichtet der Journalist seinem Freund von seiner durch den Befund ausgelösten Orientierungslosigkeit. Ein Interview mit der vereinsamten Patricia Highsmith und die seltsame Freundschaft mit dem sich versteckenden homosexuellen Münsteraner Professor Eschenbaum (Aschenbach) sind Vorspiel und Vertiefung der beständigen assoziativen, geschichtlichen und literarischen Begleittexte seiner Erlebnisse. Die Diagnose holt ihn immer wieder ein, die Lähmung läßt aber nach. Am Ende der Briefe stellt er fest, daß die Reise ihren Zweck erfüllt hat:

Was mich allerdings wirklich überzeugt hat, daß meine Zeit hier abgelaufen ist, waren vor allem die Löwen. Im Gedanken, ich könnte Venedig schwerlich verlassen, ohne mich von diesem Platz der Plätze förmlich zu verabschieden, strich ich am Markusplatz umher, als mir bewußt wurde, daß überall, wo ich auch hinschaute, ein Löwe war – geflügelt natürlich, aber doch noch wild genug. [...] Und auf diese komische, spiralförmige Weise, in der sich der Verstand manchmal dreht, gingen meine Gedanken in kreisendem Sturzflug um und um und nieder auf etwas, von dem ich Dir zum ersten Mal erzählt habe, wie ich mich zu erinnern glaube, als ich anfing, aus Venedig zu schreiben. Es wurde durch den Traum ausgelöst, den ich in den Anfangstagen hatte, als meine Verzweiflung ziemlich intensiv gewesen war – jener Traum, in dem ich durch den Dschungel stürze, während ein Löwe oder Leopard hinter mir hertrottet, die Muskeln zum Sprunge gespannt. Und der Sinn jenes Traumes lag in der Wahl, die ich zu haben glaubte, mich entweder tapfer dem Löwen zu stellen (und mich von ihm in Stücke reißen zu lassen) oder weiterzulaufen. Kämpfen oder fliehen, mit anderen Worten, obwohl ich im Traum wußte, daß ich, selbst wenn ich floh, letztendlich in die Enge getrieben und gestellt werden würde. Also, in der Nacht, als ich erstmals danach von daheim aufbrach, hatte ich einen weiteren Traum, und was ich zu Dir sagen wollte, als ich von Dschungelkatzen und Kasuarfedern sprach, war, daß ich mich in jenem Traum dem Löwen weder gestellt habe noch weitergelaufen bin – ich bin ihm auf den Rücken gesprungen, habe mir einen Hut über den Kopf gestülpt und bin auf ihm davongeritten. Ich habe ihn geritten. Ja, es stimmt, mit bis zum Halse pochendem Herzen zwar, aber mit einem wahren Jubelausbruch. Und diese Briefe waren bestimmt, Dich an diesem Jubel teilhaben zu lassen.

Wem diese vom Markusplatz beflügelte Euphorie im Angesicht des Todes zu weit geht, wer entdeckt, daß hier eine Umkehrung der zu Tode betrübenden Stadt stattfindet, die die Sache ebensowenig trifft, das aufputschende, statt das morbide Venedigs, dem gefällt vielleicht das fast bukolische Bild, das Alejo Carpentier (1904–1980) in *Barockkonzert* für das Ende der Sauftour von Vivaldi, Händel und Scarlatti entwirft:

Von der Stadt, die unter den grauenden Wolken einer langsamen Morgendämmerung noch in Schatten versunken lag, drang, von der Brise herüber- oder hinübergeweht, ferner Lärm von Hörnern und Ratschen zu ihnen. Das laute Treiben zwischen Tavernen und Buden, deren Lichter nach und nach verlöschten, hielt an, ohne daß die übernächtigten Masken daran dachten, ihre Kostüme aufzufrischen, die in der zunehmenden Helligkeit Anmut und Glanz verloren. Nach einer langen, gemächlichen Fahrt steuerte das Boot auf die Zypressen eines Friedhofs zu. »Hier können Sie in aller Ruhe frühstücken«, sagte der Bootsmann und hielt an einer Uferstelle. Und so wurden Rohr- und Reisigkörbe und Flaschen an Land gebracht. Die Grabsteine waren wie die ungedeckten Tische in einem geräumigen verlassenen Café. Und der Romagnolerwein zusamt den Weinen, die sie schon getrunken hatten, belebte abermals festlich ihre Stimmen.

Carpentiers Schilderung erinnert an die Festa della Madonna della Salute: Langsam erlöschen hunderte Kerzen, die den achteckigen Hauptraum während des Votivgottesdienstes hell erleuchtet haben, und bevor die Kirche wieder im matten Dunkel des Spätherbstes versinkt, öffnen die Stände auf dem Vorplatz der Kirche ihre hell erleuchteten Verschläge. Bunte Luftballons schaukeln leise über den Buden, und der Duft von *frittelle,* frisch ausgebackenen Krapfen, mit Vanillecrème gefüllt, zieht durch die Luft.

SARA

→ Die Presse zuletzt

Unermüdlich im Dienste des Mythos

Ca' Rezzonico »Rio dei Mendicanti« – Museo Correr, Camera Obscura – ehemaliger Schlachthof San Giobbe – Cassa di Risparmio, Campo Manin – Ca' Foscari – Gallerie dell'Accademia – Fondazione Quirini-Stampalia – Ponte di Calatrava, Piazzale Roma

Im Jahr 1999 erforschten der Archäologe Albert Ammermann und der Geologe Charles McClennen den Untergrund der Lagunenstadt. Die beiden Wissenschaftler wollten herausfinden, aus welchem Jahrhundert die Basilika von Torcello datiert. Hierzu sahen sie sich auch die Sedimentschichten genauer an. Sozusagen als Nebenprodukt ihrer Analyse bestimmten sie dabei das durchschnittliche Ansteigen des Meeresspiegels seit dem 5. Jahrhundert. In einem Interview mit *dolce-italia.de,* den Italienseiten des Journalisten Vincenzo Delle Donne, der unter anderem auch für den *Tagesspiegel* berichtet, faßt Ammermann seine Ergebnisse zusammen: »Nach unseren Studien ist der Meeresspiegel pro Jahrhundert um 13 Zentimeter gestiegen. Dazu muß man weitere 13 Zentimeter addieren, die von der Erwärmung der Erdatmosphäre herrühren. Und nicht zu vergessen ist ein Fehlertoleranzwert, der um die 4 Zentimeter liegt. Summa summarum macht das 30 Zentimeter in den nächsten 100 Jahren.«

Was das Steigen des Meeresspiegels durch die Erwärmung der Erdatmosphäre angeht, so gibt es hier die widersprüchlichsten Prognosen. Und wie immer sich dieses Problem entwickeln wird, Venedig und die Lagune haben diesbezüglich – gelegen hinter den Deichen der *litorali* – eine bessere Position als ande-

← Acqua alta

re Gestade. So bleiben etwa 13 Zentimeter als gesicherte Angabe übrig.

Ammermann sprach vom Steigen des Meeresspiegels. Ein anderes Problem ist das Absintern des Untergrunds.

Zwischen 1930 und 1970 hat die Industrie in Mestre und Maghera aus der Lagune in einem solchen Maße Grundwasser entzogen, daß der Boden sich um etwa 23 Zentimeter gesenkt, d. h. verdichtet hat. Die Folgen wurden aber schon vor Jahrzehnten erkannt – lange Wasserleitungen aus den Alpen versorgen inzwischen die ganze Region, auch die historische Altstadt.

So will Ammermann diese von der Industrie verschuldete und singuläre Verdichtung des Bodens auch nicht in seine Überlegungen mit einbeziehen: »Das ist eigentlich ein alter Hut« und ist auch nicht für Schlagzeilen verantwortlich zu machen wie »Venedigs Untergang: Neue revolutionäre Studien« oder »Venedig sinkt schneller als bisher befürchtet«.

Im Oktober 1999 kolportierte *Die Welt,* daß die beiden Wissenschaftler errechnet hätten, »daß Venedig jährlich 30 Zentimeter absinke«. Diese absurde Angabe war blind aus einer fehlerhaften dpa-Meldung abgeschrieben worden. Keiner der zuständigen Redakteure wurde stutzig, ist doch das Bild der untergehenden Stadt, des neue Atlantis, beständig in aller Munde. Journalisten, die die Angaben prüften, hielten fest, daß der Untergrund der Stadt im 20. Jahrhundert insgesamt um 30 Zentimeter gesunken sei und es etwa in diesen Dimensionen weitergehe. Hier wurde immerhin die Größenordnung der Plausibilität angepaßt. Doch recherchiert haben die wenigsten.

Verantwortlich ist die Lust am Untergang. Einmal zum Mythos geronnen, verengt sich der Blickwinkel. Die Literatur hat dazu ihren Teil beigetragen: Größe und Untergang, Ausschweifung und Tod, eine Stadt ohne Gegenwart und erst recht ohne Zukunft. Diese Topoi setzen den Willen zu unterscheiden außer Kraft. 30 Zentimeter im Jahr oder 13 Zentimeter im Jahrhundert, egal! Ob die

Stadt sinkt oder das steigende Meer sie überspült, egal! Oder ob keines von beiden der entscheidende Grund für das Hochwasser ist, auch egal.

Man erinnere sich an die zerstörte Morphologie der Lagune und den immer tieferen Kanal für den Tankverkehr. Das Hochwasser ist in erster Linie das Resultat eines immer größer werdenden Tidenhubs, der sich zunehmend dem Flutverhalten der offenen Adria anpaßt. Der Ausschlag nach oben, d. h. die durchschnittliche Flut, und der Ausschlag nach unten, das durchschnittliche Niedrigwasser, sind größer geworden. Doch was meldet *nano*, das Wissenschaftsmagazin von 3sat im Oktober 2001? »Der mittlere Pegel ist demnach seit Canalettos Tagen um rund 80 Zentimeter gestiegen.« Der mittlere Pegel um 80 Zentimeter – eine absurde Vorstellung, denn dies hieße, daß der Markusplatz stünde bei jedem Gezeitenwechsel 20 Zentimeter unter Wasser, und der Pegel würde dann mit jeder Flut auf einen Meter ansteigen. Ein Zustand, der auch bei den 60 bis 80 stärkeren Hochwassern, die den Platz deutlich unter Wasser setzen, keineswegs immer erreicht wird. Und auch hier wieder ist die Quelle dieser Information schuldlos und wissenschaftlich redlich: Dario Camuffo vom Institut für Klima- und Atmosphärenforschung in Padua hatte in *New Scientist* berichtet, daß er anhand von Bildern Canalettos (1697–1768), zum Beispiel *Rio dei Mendicanti*, das in der Ca` Rezzonico hängt, festgestellt habe, daß der an den Fassaden durch Algenbewuchs erkennbare *Hochwasser*pegel bis heute um 80 Zentimeter gestiegen sei. Die Erkenntnis als solche ist nicht neu. Ungewöhnlich jedoch die Methode des Nachweises. Canaletto arbeitete mit einer Camera Obscura, die heute noch im Museo Correr zu sehen ist. Sein Objekt so auf die Leinwand geworfen, konnte Canaletto – der ungeheure Mengen seiner Veduten verkaufte – seine Szenerien schnell skizzieren. Dadurch wurden sie im Detail so genau wie eine Photographie.

Im Zusammenhang mit dem Untergang Venedigs durfte der Venedig-Liebhaber in den letzten Jahren neben *acqua alta* ein neues Schlagwort lernen: *moto ondoso*, der Wellenschlag, oft übersetzt als »mörderischer« Wellenschlag, und auch dieser taucht gerne in Begleitung der Schlagzeile »Venedig versinkt« auf. So ließ sich beispielsweise in der *Berliner Morgenpost* vom Dezember 2001 lesen: »Die Wellen von Motorbooten und modernen großen Schiffen zerstören die Grundmauern vieler Paläste der Stadt. Das schwappende Wasser untergräbt die Fundamente. Deshalb sinkt die Stadt immer schneller im Schlick ein.«

So, wieso das denn? Richtig ist, die Wellen, die die Motorboote verursachen, schlagen den Mörtel aus den Fugen. So dringt Wasser ins Mauerwerk und schädigt die Gebäude erheblich, doch das spielt sich weit oberhalb der Fundamente ab. Richtig ist auch, daß die Fundamente – Holzpfähle, die den Schlick, auf dem die Stadt gebaut wurde, stabilisieren – gefährdet sind. Das extreme Niedrigwasser setzt sie der Luft aus, und so fangen sie nach Jahrhunderten, die sie unbeschadet überstanden haben, an zu faulen. Doch das hat mit *moto ondoso* wiederum nichts zu tun; wenn das Wasser so niedrig steht, ist der Bootsverkehr ohnehin ausgebremst.

Was bleibt von solchen Nachrichten? Der Wellenschlag ist als ein Problem erkannt, der Bürgermeister durch Rom mit Sondervollmachten zu seiner Bekämpfung ausgestattet worden – die vorläufigen Lösungen heißen generelle Einschränkung des motorisierten Bootsverkehrs, drastische Beschränkungen der Geschwindigkeit und ein Vaporettoprototyp, der kaum Wellen schlägt. Immer wieder setzt die Presse die Empörung und zur Schau gestellte Betroffenheit der Gondoliere ins Bild: auf Transparenten klagen sie, *moto ondoso* würde ihr Geschäft ruinieren – die Fahrgäste blieben fern, wenn die Gondeln dem Wellenschlag ausgeliefert seien wie die sprichwörtliche Nußschale. Doch sie müssen sich der Heuchelei zichtigen lassen, weil gut 40 der zugelassenen Taxis – diese sind mit Abstand die wildesten Raser – auf den Verband der Gondoliere zugelassen sind.

Venedig wird nicht versinken, doch trotzdem könnte sich mancher in den nächsten Jahren verwundert die Auge reiben. Mit Siebenmeilenstiefeln sucht die Stadt Anschluß an die Moderne. Im 20. Jahrhundert kreiste die städtebauliche Diskussion um die Frage, ob es im historischen Kern überhaupt moderne Bauten geben dürfe. So sind diese auch bisher die absolute Ausnahme, wie der mißratene Betonklotz der Cassa di Risparmio, den Angelo Scattolin und Pier Luigi Nervi zwischen 1964 und 1971 auf den Campo Manin setzten. Die lange vorherrschende Linie charakterisieren die Umbauten der Ca' Foscari, der Gallerie dell'Accademia oder der Fondazione Quirini-Stampalia durch Carlo Scarpa (1906–1978) – eigenständig im Entwurf, aber unauffällig. Im Jahr 1964 stießen Le Corbusiers (1887–1965) Pläne für einen Erweiterungsbau des Ospedale Civile auf dem Areal des ehemaligen Schlachthofs bei San Giobbe noch auf so erbitterten Widerstand, daß sich gut weitere dreißig Jahre auf diesem Gelände nördlich des Eisenbahndamms wenig tat. Doch vor einigen Jahren hat Venedigs Universität hier Einzug gehalten, und jetzt scheinen alle Schranken zu fallen: Die Gebäude aus dem frühen 19. Jahrhundert stehen unter Denkmalschutz, ihr Umbau wurde von den zuständigen Behörden genehmigt, nicht jedoch ein teilweiser Abriß zum Bau neuer Vorlesungssäle und eines Studentenwohnheims. Mitte 2001 rückten dennoch Bautrupps und Bulldozer an, fällten zahlreiche Bäume – im steinernen Venedig ein Sakrileg –, rissen Hallen und Nebengebäude nieder und legten sogleich die Fundamente der Neubauten. Aufgebrachte Anwohner reichten zwar Klage ein – unterstützt von den Regionalblättern *Gazzettino* und *Nuova Venezia*, die akribisch über den Verlauf der Arbeiten berichteten –, ein Baustopp wurde jedoch nicht verhängt. Wege der Legalisierung werden sich finden.

Das ist erst der Anfang, weitere große Projekte stehen an: zur Biennale 2003 soll die neue Brücke zwischen Piazzale Roma und Ferrovia fertigwerden, eine Glas-Stahl-Konstruktion von Santiago Calatrava (*1951). Für das gleiche Jahr ist der Baubeginn des neuen, erweiterten Flughafens von Frank O. Gehry (*1929) geplant. Und dann müßte man langsam die Lieblingsvision des letzten Bürgermeisters Massimo Cacciari in Angriff nehmen, die sein Amtsnachfolger Paolo Costa nicht weniger favorisiert, eine U-Bahn von jenem neuen Flughafen direkt ins Arsenal und möglicherweise weiteren Stationen in der ganzen Stadt. Sollten hierfür die Mittel nicht reichen oder der lagunare Untergrund sich als zu problematisch erweisen, dann wenigstens ein Laufband von Piazzale Roma bis zum Ponte degli Scalzi, das die Touristen vollautomatisch dicht an dicht in die Stadt transportiert. Die Stadt kann dann mit der Förderkapazität pro Stunde werben. Ein Ehrgeiz allerdings, der schon manches idyllische Tal der Alpen zerstörte.

Weniger im Stadtbild sichtbar, aber mit Einfluß auf die Besucherströme: das neue Kongreßzentrum in der Mulino Stucky und eine weitere Dependence des Imperiums Guggenheim in der Dogana da Mar.

Venedig beginnt sich einschneidend zu verändern. Andererseits rückt die Stadt mit solchen Projekten entschieden ihrem Mythos zu Leibe – Schluß mit einer Existenz, die ihre ganze Berechtigung aus der Vergangenheit zieht. Es schwant einem, daß am Horizont ein neuer Mythos aufsteigt, ergiebig genug für viele Jahre der Berichterstattung: die »Königin der Meere« kein Atlantis, sondern ein Phönix aus dem Schlick.

Informationen zu den Kapiteln

Ortsangaben in Venedig können italienisch oder im Dialekt sein. Venexian kennt oft mehrere Bezeichnungen, oder die Schreibweise variiert. Der Text dieses Buches orientiert sich an den »offiziellen« umgangssprachlichen Bezeichnungen, die beispielsweise die ACTV, die Verkehrsbetriebe, benutzen. In den Zitaten verwenden andere Autoren andere Spielarten. So ist beispielsweise sowohl *Fondamenta Nuove, Fondamente Nuove* als auch *Fondamente Nove* richtig.

Die Öffnungszeiten der Museen und Informationen über aktuelle Ausstellungen finden sich im Internet unter www.veneziacultura.it

Routen, Stationen, Fahrpläne und Tarife der Vaporetti bzw. Buslinien (Terra Ferma, Lido, Pellestrina) lassen sich abrufen und ausdrucken unter www.actv.it

In Italien muß die Vorwahl (041 für Venedig) auch innerhalb des Ortsnetzes mitgewählt werden, aus dem Ausland bleibt die 0 erhalten: 0039 041 ...

Nicht Land, nicht Wasser
Naturkundliche Führungen – auch in Deutsch – durch die Lagune veranstaltet:
Cooperativa Limosa/Venezia Marghera
www.limosa.it

An Sonn- und Feiertagen, manchmal auch an Samstagen, bewirtet die Familie des Lagunenbauern Alessandro Vignotto bis zu 150 »Städter« mittags(!) mit Köstlichkeiten aus eigenem Anbau/Fang und Aufzucht. Eine telefonische Voranmeldung ist unerläßlich! Deswegen geben wir nicht nur die Adresse, sondern – ohne Gewähr – auch die Telefonnummer an.
Ca' Vignotto/Agriturismo
Sant'Erasmo 16, Vaporettostation Chiesa (Linea 13 ab Fondamente Nove)
Telefon 041 528 53 29

Traghetti

Diese in kurzen Abständen verkehrenden Gondel-Fährdienste über den Canal Grande haben eine lange Tradition; die Venezianer haben die Fährzeiten im Kopf. Doch der Fremde steht schon mal vergeblich am Anleger, deswegen im folgenden der Versuch eines Fahrplans:

- *Ferrovia* Cannaregio < > Santa Croce, werktags 7.45–13.45, sonn- und feiertags 8.45–13.30 Uhr
- *San Marcuola* Cannaregio < > Santa Croce, werktags 7.30–13.30 Uhr
- *Santa Sofia* Cannaregio < > Santa Croce/San Polo, werktags 7–20.55, sonn-und feiertags 7.30–18.55
- *Al Carbon* San Marco < > San Polo, werktags 8–14 Uhr
- *San Tomà* San Polo < > San Marco, werktags 7–20.55, sonn-und feiertags 8–19.55 Uhr
- *San Samuele* San Marco < > Dorsoduro, werktags 7.40–13.15 Uhr
- *San Marco/Vallaresso* San Marco < > Dorsoduro, täglich 8–19 Uhr, November bis Februar 8–18 Uhr

Königin der Meere

Museo Storico Navale, Vaporettostation Arsenale

Hier bin ich ein Herr, daheim ein Schmarotzer

Galleria Giorgio Franchetti alla Ca' d'Oro
Cannaregio, 3933
Vaporettostation Ca' d'Oro

Gallerie dell'Accademia
Dorsoduro 1050
Vaporettostation Accademia

Museo Correr
Piazza San Marco 52
Vaporettostationen Vallaresso oder San Zaccaria

»Hoè, come semo«

Voga Longa
Sonntag nach Christi Himmelfahrt

Regata Storica
Erster Sonntag im September

Regata di Burano
Dritter Sonntag im September

Regata di Sant'Erasmo
Erster Sonntag im Oktober

Museo Ebraico
Cannaregio 2902/B, Vaporettostation Guglie

Musik, die Zwillingsschwester des Wassers
Informationen zu Konzerten und Festspielen:
www.veneziacultura.it; www.vivaldi.it

Zimmer ohne Wände
Teatro Carlo Goldoni
San Marco 4650/b, Vaporettostation Rialto
Programm und Kartenvorbestellung unter www.teatrogoldonive.it

Casa di Carlo Goldoni e Biblioteca di Studi Teatrali
San Polo 2794, Vaporettostation San Tomà

Museo del Settecento Veneziano/Ca' Rezzonico
Dorsoduro 3136, Vaporettostation Ca'Rezzonico

Pasticceria Rosa Salva
Campo San Luca, San Marco 4589, Vaporettostation Rialto
Campo Santi Giovanni e Paolo, Castello 6779, Vaporettostation Ospedale

Eisiges Januarpanorama
Archivio Luigi Nono
Giudecca 795, Fondamenta San Biagio, Vaporettostation Palanca
digilander.iol.it/alnono/

Begegnungen am Rande
Einen Überblick der empfehlenswerten Osterie und Bàcari in Venedig gibt:
www.osterie.com, hervorgegangen aus Michaela Scibilias Führer »Venezia Osterie & Dintorni«

Ein Wasserschleier über der Unschuld
Gelateria Causin
Dorsoduro 2996, Campo Santa Margherita

Collezione Peggy Guggenheim
Palazzo Venier dei Leoni

Dorsoduro 70, Vaporettostationen Accademia, Salute oder Zattere
www.guggenheim-venice.it

Tod in Venedig
Festa del Redentore
Drittes Wochenende im Juli

Festa della Madonna della Salute
21. November

Literaturverzeichnis und Quellennachweis

Andersch, Alfred: *Die Rote.* © Diogenes Verlag AG, Zürich 1972
Archenholz, Johann Wilhelm von: *Gondolieri.* In: *England und Italien.* Vierter Theil. Leipzig 1787
Bayer, Ingeborg: *Stadt der tausend Augen.* München 1991
Begley, Louis: *Mistlers Abschied.* Frankfurt/M. 1998
Bevilacqua, Piero: *Venedig und das Wasser.* Frankfurt/New York 1998
Björk, Christina/Erikson, Inga-Karin: *Lavendel in Venedig.* München 2000
Brodkey, Harold: *Profane Freundschaft.* Deutsch von Angela Praesent. © Rowohlt Verlag, Reinbek bei Hamburg 1994
Brodkey, Harold: *Auf den Wellen.* In: *Unschuld.* Deutsch von Angela Praesent. © Rowohlt Verlag, Reinbek bei Hamburg 1992
Brodsky, Joseph: *Ufer der Verlorenen.* Aus dem Amerikanischen von Jörg Trobitius. © Carl Hanser Verlag, München/Wien 1991
Brütting, Richard (Hrsg.): *Italien-Lexikon.* Berlin 1997
Calimani, Riccardo: *Die Kaufleute von Venedig.* Claasen, Düsseldorf 1988
Carpentier, Alejo: *Barockkonzert.* © Suhrkamp Verlag, Fankfurt/M. 1976
Casanova, Giacomo: *Geschichte meines Lebens.* Hrsg. und kommentiert von Günter Albrecht in Zusammenarbeit mit Barbara Albrecht. Deutsch von Heinrich Conrad. © Gustav Kiepenheuer Verlag GmbH, Leipzig 1982, 1992
Caudwell, Sarah: *Adonis tot in Venedig.* Köln 1996
Choniates, Nicetas: *Chronike Diegesis. Die Kreuzfahrer erobern Konstantinopel.* In: *Byzantische Geschichtsschreiber, Bd. VIII: Abenteuer auf dem Kaiserthron.* Hrsg.: Endre von Ivánka. © Verlag Styria, Verlagsgruppe SMB GmbH & Co KG, Graz 1958
Cowan, James: *Der Traum des Kartenmachers.* © 1996 Jomes Cowan; © der deutschsprachigen Ausgabe 1997: Albrecht Knaus Verlag, München, in der Verlagsgruppe Random House GmbH
Dante Alighieri: *Die göttliche Komödie.* Übersetzt von Hermann Gmelin. © Ernst Klett Verlag, Stutttart 1949
Dessaix, Robert: *Briefe aus der Nacht. Eine Reise durch die Schweiz und Italien.* Aus dem australischen Englisch von Wolf Koehler. © für die

Übersetzung: Wolfgang Krüger Verlag GmbH, Frankfurt/M. 1997; mit freundlicher Genehmigung der Agence Hoffman, München
Dibdin, Michael: *Entführung auf Italienisch.* München 1992
Dibdin, Michael: *Tödliche Lagune.* © 1994 Michael Dibdin; © der deutschsprachigen Ausgabe 1995: Wilhelm Goldmann Verlag, München, in der Verlagsgruppe Random House GmbH
Droste, Thomas: *Venedig. Die Stadt in der Lagune – Kirchen und Paläste, Gondeln und Karneval.* Köln 1996
Dürer, Albrecht: *Schriften und Briefe.* Hrsg. von Ernst Ullmann. Leipzig 1978, 1993
Enzensberger, Hans Magnus: *Abendmahl. Venezianisch, 16. Jahrhundert.* In: *Der Untergang der Titanic.* © Suhrkamp Verlag, Frankfurt/M. 1978
Fontane, Theodor: *Briefe an Georg Friedlaender.* Heidelberg 1954
Fruttero, Carlo/Lucentini, Franco: *Der Liebhaber ohne festen Wohnsitz.* © Piper Verlag GmbH, München 1988
Funke, Cornelia: *Herr der Diebe.* © Cecilie Dressler Verlag, Hamburg 2000
Girardi, Robert: *Vaporetto 13.* © 1997 Robert Girardi; © der deutschsprachigen Ausgabe 1998: Wilhelm Goldmann Verlag, München, in der Verlagsgruppe Random House GmbH
Goethe, Johann Wolfgang: *Italienische Reise.* In: *Gesammelte Werke. Bd 7.* Gütersloh, 1954
Golding, Michael: *Das Licht der Lagune.* © 1994 Michael Golding; © der deutschsprachigen Ausgabe 1995: Albrecht Knaus Verlag, München, in der Verlagsgruppe Random House GmbH
Goldoni, Carlo: *Geschichte meines Lebens und meines Theaters.* München 1988
Goldoni, Carlo: *Der Diener zweier Herren.* Komödie. Nach der deutschen Bearbeitung von Friedrich Ludwig Schröder. Stuttgart 1977
Gutmann, Anne/Hallensleben, Georg: *Lukas in Venedig.* Aarau 2000
Hellmann, Manfred: *Die Geschichte Venedigs in Grundzügen.* Darmstadt 1989
Hemingway, Ernest: *Über den Fluß und in die Wälder.* © Rowohlt Verlag, Reinbek bei Hamburg 1951
Herling, Gustaw: *Das venezianische Portrait.* Aus dem Polnischen von Nina Kozlowski. © Carl Hanser Verlag, München – Wien, 1996
Herzmanovsky-Orlando, Fritz von: *Maskenspiel der Genien.* © Langen Müller in der F. A. Herbig Verlagsbuchhandlung, München 1957
Hesse, Hermann: *Der Kreuzgang von Santo Stefano.* In: *Sämtliche Werke – Italien.* © Suhrkamp Verlag, Frankfurt/M. 2001

Highsmith, Patricia: *Venedig kann sehr kalt sein.* Aus dem Amerikanischen von Anne Uhde. © Diogenes Verlag AG, Zürich 1968
Hildesheimer, Wolfgang: *Das Ende einer Welt.* In: *Lieblose Legenden.* © Suhrkamp Verlag, Frankfurt/M. 1983
Holme, Timothy: *Venezianisches Begräbnis.* Aus dem Englischen von Ulrike Wasel und Klaus Timmermann. © DuMont Literatur und Kunst Verlag, Köln 1998
Huse, Norbert/Wolters, Wolfgang: *Venedig.* Die Kunst der Renaissance. München 1986
James, Henry: *Asperns Nachlaß.* Zürich 1953
James, Henry: *Portraits of Places.* London 1883
Jendricke, Bernhard: *Alfred Andersch.* Reinbek bei Hamburg 1988
Kisch, Egon Erwin: *Der rasende Reporter.* In: *Gesammelte Werke in Einzelausgaben, Bd.* 5. Hrsg. von Bodo Uhse und Gisela Kisch. © Aufbau Verlag, Berlin und Weimar 1972
Lenz, Renate/Hrdina, Oldrich: *Die Heimkehr des Bären.* Offenbach 2000
Leon, Donna: zehn Brunetti-Romane, Zürich 1993–2002
Martens, Georg von: *Die Sprache.* In: *Reise nach Venedig. Zweiter Theil.* Ulm 1838
Maurier, Daphne Du: *Dreh dich nicht um.* Deutsch von Hiltgunt Grabler. © by the Estate of Daphne Du Maurier – mit freundlicher Genehmigung von Agence Hoffman, München. Rechte an der deutschen Übersetzung beim Scherz Verlag, Bern, München, Wien.
McCarthy, Mary: *Venedig.* © Droemersche Verlagsanstalt Th. Knaur Nachfolger, München 1968
McEwan, Ian: *Der Trost von Fremden.* Aus dem Englischen von Michael Walter. © Diogenes Verlag AG, Zürich 1983
Mann, Thomas: *Der Tod in Venedig.* In: *Gesammelte Werke in dreizehn Bänden. Band VIII. Erzählungen.* © S. Fischer Verlag GmbH, Frankfurt/M. 1960, 1974
Mosebach, Martin: *Die schöne Gewohnheit zu leben.* © Berlin Verlag, Berlin 1997
Napoli, Donna Jo: *Flucht nach Venedig.* Aus dem Amerikanischen von Brigitte Jakobeit. © Carl Hanser Verlag, München – Wien 2001
Nooteboom, Cees: *Als habe die Welt geträumt.* In: Merian Nr. 5/51 – *Venedig.* © Cees Nooteboom/MERIAN/Jahreszeitenverlag, Hamburg 1998
Pears, Iain: *Das Tizian Komitee.* © der deutschen Übersetzung: Piper Verlag GmbH, München 1993; Ian Pears 1991, reproduced by permission of the author and Andrew Nurnberg Associates.

Petrarca, Francesco: *Epistole di Francesco Petrarca.* Aus dem Lateinischen von Franz Peter Waiblinger. In: Waiblinger, Franz Peter (Hrsg): *Textbuch Venedig.* Deutscher Taschenbuch Verlag, München 1988 © für die Übertragung ins Deutsche: Franz Peter Waiblinger

Polo, Marco: *Il Milione. Die Wunder der Welt.* Übersetzt von von Elise Guignard. © Manesse Verlag, Zürich 1983

Prada, Juan Manuel de: *Trügerisches Licht der Nacht.* © J. G. Cotta'sche Buchhandlung Nachfolger GmbH, Stuttgart 1999

Pressler, Mirjam: *Shylocks Tochter.* Frankfurt/M. 1999

Rousseau, Jean-Jacques: *Bekenntnisse.* Ü: Ernst Hardt. © der Übersetzung: Insel Verlag, Frankfurt/M. 1985

Rüber, Judith/Kobel, Jan: *Venedig für Müßiggänger.* Bildband und Reiseführer. Waakirchen 1999

Semi, Antonio Alberto: *Venedig: die Methapher als Mittel zum Leben.* In: Zibaldone Bd. 27 (Venedig) © Europäische Verlagsanstalt/Rotbuch Verlag, Hamburg 1999

Seume, Johann Gottfried: *Spaziergang nach Syrakus im Jahre 1802.* Hrsg. und kommentiert von Albert Meier. Braunschweig und Leipzig 1805; München 1985

Shakespeare, William: *Der Kaufmann von Venedig.* Ins Deutsche übertragen von Hans Rothe. © Albert Langen Müller in der F. A. Herbig Verlagsbuchhandlung GmbH, München 1963

Soldati, Mario: *Der Stuhl vom Café Florian.* Aus dem Italienischen von Theo Schuhmacher. In: *Reise Textbuch Venedig.* © Deutscher Taschenbuch Verlag, München 1988

Tomizza, Fulvio: *Die venezianische Erbin.* Aus dem Italienischen von Ragni Maria Gschwend. © Carl Hanser Verlag, München/Wien 1991

Vasari, Giorgio: *Jene uneinnehmbare Lage in der Lagune...* In: Doris Maurer/Arnold E. Maurer (Hrsg.)/Michele Zanetti (Fotos): *Das andere Venedig.* Dortmund 1988 © für die Übertragung ins Deutsche: Doris Maurer/Arnold Maurer

Werfel, Franz: *Verdi. Roman der Oper.* Gesammelte Werke in Einzelbänden, hrsg. von Knut Beck. © Paul Zsolnay Ges.m.b.H. 1924. Alle Rechte vorbehalten S. Fischer Verlag GmbH, Frankfurt/M.

Winterson, Jeanette: *Verlangen.* Stuttgart 1988

Wood, Frances: *Marco Polo kam nicht bis China.* München 1998

Zardis, Manuela/Brandis, Jakob: *Bàcari in Venezia.* München 1993

Zucconi, Guido: *Venedig 1993.* Architekturführer Venedig. Stuttgart 1993

Ortsregister

San ... oder Santa ... verweist auf die jeweilige Kirche und/oder den umgebenden Sprengel. Die Sestieri sind jeweils nördlich und südlich des Canal Grande von Westen nach Osten aufgeführt:

Castello

Santa Croce und San Polo

Terra Ferma

Vaporetti

Opern

Klett-Cotta

Printed in Germany
Umschlag und Gestaltung: Finken & Bumiller, Stuttgart
© obere Abbildung: look-foto, München
© untere Abbildung: zefa, Index Stock, Sally Brown
Vorsatzkarten: Rudolf Hungreder, Leinfelden-Echterdingen
Fotografien (S. 8, 12, 62, 82, 106, 120, 136, 154, 174, 190 und 204) © Jan Kobel
Gesetzt aus der 9,75 Punkt Scala
Auf säure- und holzfreiem Werkdruckpapier gedruckt
und gebunden von Gutmann + Co, Talheim
ISBN 3-608-94299-8

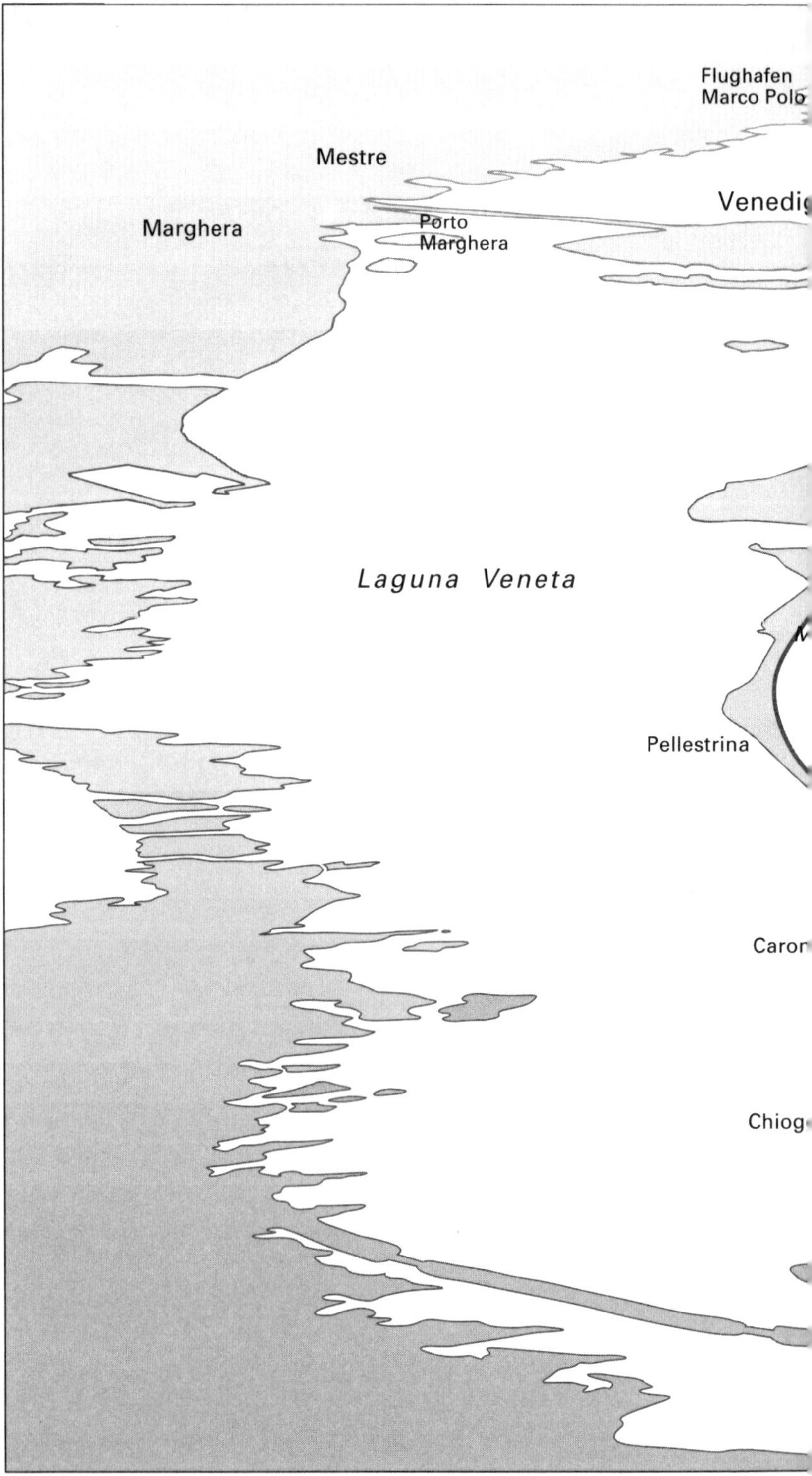
Flughafen
Marco Polo
Mestre
Venedig
Marghera
Porto
Marghera
Laguna Veneta
Pellestrina